Pudel

Dr. Ingeborg Haßlinger

Pudel

Charakter · Erziehung · Ernährung · Pflege

FALKEN

Inhaltsverzeichnis

Das Wichtigste auf einen Blick

S. 17	Tabelle: Die verschiedenen Größen und Farben
S. 25	Kostenübersicht
S. 34	Checkliste: Woran Sie einen guten Züchter erkennen
S. 37	Checkliste: Grundausstattung
S. 62	Übersicht: Täglicher Energiebedarf des erwachsenen Pudels
S. 65	Übersicht: Die wichtigsten Vitamine
S. 67	Tabelle: So füttern Sie Ihren Pudel richtig
S. 70	Tabelle: Nährstoff- und Energiegehalte in Futtermitteln
S. 78	Tabelle: Mögliche Erbkrankheiten des Pudels

Eine Lobeshymne
am Anfang...

„Der vollkommenste Hund ist der Pudel, und was Gescheites und Braves am Hunde gerühmt wird, bezieht sich auf ihn. In allen andern Hundarten ist noch mehr Trieb, in ihm ist aber mehr Intelligenz. Der Pudel ist von Natur aus gut. Jeder schlechte ist durch den Menschen schlecht gemacht worden." Diese Bemerkung schrieb der Schweizer Gelehrte und Prediger Peter Scheidtlin (1749–1848) in seinem Werk „Versuch einer vollständigen Tierseelenkunde".
Der Tierforscher Alfred Brehm lobt den Pudel: „Er ist ein Wunder der Natur!"
Goethe machte den Pudel in seinem „Faust" unsterblich, Heine widmete ihm ein Gedicht. Lessing setzte ihm in „Minna von Barnhelm" ein bemerkenswertes Denkmal.
Ludwig van Beethoven verlieh seinem Schmerz über den Verlust seines treuen Weggefährten Ausdruck in der Tonsetzung „Elegie auf den Tod eines Pudels".

Was ist das Faszinierende, das Besondere an dieser Rasse, der Dichter, Denker und Musiker gleichermaßen Bewunderung entgegenbrachten? Was hat den Pudel so populär gemacht, daß er – wie keine andere Hunderasse – in den deutschen Sprachgebrauch einging? Denken wir an die Worte Pudelmütze, pudelnaß, pudelwarm, pudelnärrisch, an die Redewendungen „aussehen wie ein begossener Pudel" oder „sich pudelwohl fühlen".
Ich möchte in diesem Büchlein „zu des Pudels Kern" vordringen, d. h. Ihnen diesen faszinierenden Vierbeiner vorstellen und Ihnen gleichzeitig bestmögliche Hilfestellung zu allen Fragen rund um Erwerb, Haltung, Erziehung und Pflege dieses Hundes geben. Möge dieser Ratgeber der liebenswerten Rasse viele neue Freunde erschließen und dazu beitragen, Vorurteile abzubauen.

Dr. Ingeborg Haßlinger

■■■ „Kaufen sie einen Hund, Madame!" Titel eines Gemäldes von
Richard Andsell (1860), auf dem gerade ein weißer Pudel feilgeboten wird

Wie alles begann

So kam der Mensch auf den Hund

Der Hund ist das älteste Haustier und begleitet den Menschen, wie archäologische Funde belegen, seit etwa 15 000 Jahren. Alleiniger Stammvater unserer heutigen Haushunde – das ist heute unbestritten – ist der Wolf.

Wie allerdings die ersten Wölfe in die menschliche Gemeinschaft kamen, läßt sich nicht beweisen. Der steinzeitliche Mensch war seßhaft geworden, teilte mit den Wölfen den Lebensraum und beide waren Nahrungskonkurrenten. Als bequeme Beute vertilgten die Wölfe die Nahrungsabfälle der Menschen und hielten damit die Umgebung des menschlichen Lagers sauber. Die Menschen wurden durch die Unruhe des Wolfsrudels frühzeitig auf herannahende Gefahren aufmerksam gemacht. Zum Sozialpartner, zum Haustier wurden die Wölfe auf diese Weise jedoch nicht. Hierfür ist frühkindliche Prägung notwendig. Man muß also annehmen, daß die Menschen sehr junge Wolfswelpen bei sich aufgenommen haben. Möglicherweise wollte man sie als lebende Nahrungsreserve für karge Zeiten heranfüttern, oder verlassene Welpen weckten den mütterlichen Pflegetrieb der Zweibeiner. Saugwelpen benötigen zum Überleben Milch, die einzige Milchquelle der Menschen jener Zeit aber war die weibliche Brust. Frühkindlich in solch engem Körperkontakt auf den Menschen geprägt, isoliert von seinen Artgenossen, so stellt man sich heute den Anfang der Domestikation des Wolfes vor. Zunehmend beeinflußte der Mensch von nun an durch Selektion bestimmter Eigenschaften das Aussehen und den Charakter seiner vierbeinigen Begleiter. Im Laufe einiger Jahrtausende konnten sich so die ersten primitiven unterschiedlichen Urhundformen entwickeln.

Das Wissen um die Abstammung unserer heutigen Haushunde ist für das Zusammenleben mit ihnen von eminenter Bedeutung, denn trotz aller Veränderungen, die Urahn Wolf bis heute erfahren hat, müssen wir uns stets bewußt sein, daß alle unsere Hunderassen – vom kleinen Chihuahua bis zum großen Irish Wolfshound – noch immer soziale Raubtiere sind. Sie beanspruchen und verteidigen ein Territorium und wollen in eine festgefügte soziale Ordnung eingebunden sein.

Bevor der Pudel Rassehund wurde ...

Eine gezielte und schriftlich belegte Pudelzucht gibt es seit etwa 100 Jahren, doch ist die Rasse sehr viel älter. Bereits auf griechischen und römischen Reliefs aus der Zeit des Kaisers Augustus (63 v. bis 14 n. Chr.) sind pudelartige Hunde dargestellt, die nach der Art eines Löwen geschoren sind. Im 15. Jahrhundert finden wir derartige Hunde vielfach auf Gemälden und als Plastiken. Um 1700 taucht erstmals der Name Pudel, Budel oder Pudelhund auf, ein Wort, das sich von Pfudel = Pfütze ableitet und auf die Wasserfreudigkeit dieser Hunde hindeutet. Sicher ist, daß die „Urpudel" aus Kreuzungen zwischen stark behaarten Treibhunden der Schäfer und kraushaarigen Wasserjagdhunden

hervorgegangen sind. Die Zucht orientierte sich dabei an den Anforderungen, denen der Hund in möglichst hohem Maße entsprechen sollte: Gewünscht war ein genügend großer, apportierfreudiger, gehorsamer Hund für die Wasserjagd. Wir müssen davon ausgehen, daß sich der „Urpudel" in vielen Ländern gleichzeitig entwickelte, wobei sich in einigen Gegenden Vorformen bis heute erhalten haben (z. B. der französische Barbet oder der portugiesische Wasserhund).

Wie unterschiedlich in Größe und Farbe der Pudel im 18. Jahrhundert auch beschrieben wurde – alle Autoren berichten gleichermaßen, daß dem wasserfreudigen und außerordentlich zuverlässigen Jagdhund gewissermaßen als „Dienstkleidung" das Fell auf der Hinterhand geschoren wurde. Auf diese Weise wurde ihm das Schwimmen erleichtert. Doch aufgrund seiner sehr feinen Nase wurde dieser Hund nicht nur zur Jagd, sondern auch bei der Trüffelsuche eingesetzt. Der italienische Lagotto, ein Trüffelhund par excellence, erinnert in seinem Aussehen durchaus an die Beschreibungen des Urpudels.

Darüber hinaus wird schon in den ersten Berichten über den Pudel

Schnürenpudel um 1850

chen zum Überleben. Bald waren die kleinen Artisten attraktiver Mittelpunkt auf Jahrmärkten oder im Zirkus.

Mitte des 19. Jahrhunderts setzte der Niedergang der bis dahin so geschätzten Rasse ein. Ein Grund dafür mag die neu kreierte Haartracht, die Schnürenfrisur, gewesen sein. Hierbei wurde das feine gekräuselte Haar zu Schnüren zusammengedreht, in die das abgestorbene Haar – das man normalerweise beim Kämmen des wolligen Pudels entfernt – einbezogen blieb. Die Schnüre ließ man oft bodenlang wachsen, und für die Hausfrau bedeutete es sicherlich kein Vergnügen, einen solchen Hund nach dem Spaziergang bei schlechtem Wetter ins Haus zu bekommen. In erster Linie waren es aber wohl die aus England importierten Rassen, die die Nachfrage nach dem damals noch keineswegs eleganten Pudel zurückgehen ließen.

seine Gelehrigkeit beim Erlernen von Kunststückchen erwähnt. Und eben diese Eigenart sicherte ihm seine weitere Entwicklung, denn mit dem Aufkommen kurzhaariger Jagdhundrassen verlor er seine ursprüngliche Aufgabe als Jagdhelfer. Im 18. Jahrhundert wurde er zum Begleiter und Unterhalter des Menschen. Die unerschrockenen Pudel bewährten sich auf den Schlachtfeldern Europas als Melder und beim Auffinden von Verwundeten. Napoleon beförderte den berühmten Pudel „Moustache", der ein ganzes Regiment vor dem Feind rettete, zum Grenadier mit entsprechender Verpflegung! Den Kriegsinvaliden schließlich verhalfen die Pudel durch Vorführen von Kunststück-

Die gezielte Zucht beginnt in Deutschland

1896 vereinigten sich in Deutschland etliche Pudelbesitzer, um das Interesse an diesen Hunden neu zu beleben. 1902 wurden erstmals Rassekennzeichen (Standard) für den Pudel festgelegt und das „Deutsche Pudelstammbuch" eingeführt. 1936 reichte der französische Pudelklub einen eigenen Standard bei der inzwischen gegründeten Internationalen Kynologischen Organisation (FCI) ein und beharrte schließlich erfolgreich darauf, daß der Pudel eine französische Rasse sei. So wird seitdem Frankreich als Ursprungsland der Rasse Pudel anerkannt und verwaltet auch den Standard, der für alle der FCI angeschlossenen Mitgliedsländer verbindlich ist.

Die Rassekennzeichen von 1902 legten fest, daß nur einfarbige Pudel (schwarz, weiß oder braun) zur Zucht und zur Eintragung ins Zuchtbuch zugelassen wurden. In England, das der FCI nicht angeschlossen ist, und später in den USA war man experimentierfreudiger. Zwar galt und gilt hier auch heute noch der Grundsatz der Einfarbigkeit, doch ließ man sehr unterschiedliche Farben zu: Blue, Creme und Apricot wurden schon frühzeitig auf englischen Ausstellungen gezeigt.

Als „normales" Maß des Pudels wird im Standard von 1902 eine Widerristhöhe von 52 cm (Hündinnen) bis 55 cm (Rüden) angegeben. Zwerg-

pudel wurden damals vom Deutschen Pudelklub nicht anerkannt. Züchter dieser Größenvarietät waren im „Schoßhundeklub e. V. Sitz Berlin" organisiert.

In den 20er und 30er Jahren wurden zunehmend mehr Pudel gezüchtet. Den ganz großen Siegeszug verdankt die Rasse jedoch der Kreation eines neuen „Outfit", d. h. einer neuen Schur, die sich am Äußeren des Karakulschafes orientierte (siehe auch S. 19).

Nach dem großen Einbruch im 2. Weltkrieg boomte mit dem Wirtschaftswunder auch die Hundezucht, und in den folgenden Jahrzehnten mischte der Pudel in der Beliebtheitsskala der Rassen immer ganz oben mit. Die inzwischen anerkannten fünf Farb- und vier Größenvarietäten sorgten für einen stets wachsenden Interessentenkreis. England wurde als Exportland der eleganten Pudel tonangebend.

Daß der Pudel mit zunehmenden Modetorheiten hinsichtlich der Schur das Image eines verhätschelten Schoßhundes bekam, ist nicht ihm, sondern den Menschen anzulasten. Er ist durch all die Jahre der fröhliche, robuste, lernbereite und dabei charmante Gefährte des Menschen geblieben, der er immer war.

Rasseportrait des Pudels

Allgemeine Rassekennzeichen (Standard)

Der „Standard" stellt die schriftlich fixierten idealen Rassekennzeichen dar, denen die Züchter mit ihren sorgfältig aufgezogenen Pudeln möglichst nahe kommen wollen.

Nach diesem Standard ist der Pudel ein harmonischer Hund, d. h., alle Körperteile sind wohlausgewogen und zeigen keine Übertreibungen in den Proportionen. Der Knochenbau ist mittelkräftig, die Länge des Körpers entspricht etwa der Schulterhöhe (Widerrist). Die Gesamterscheinung des Pudels ist außerordentlich ansprechend, sein Ausdruck intelligent und wachsam. Im tänzelnden Gangwerk strahlt er Eleganz, Anmut und Stolz aus.

Der **Kopf** ist edel und steht ebenfalls in guter Proportion zum Körper. Der Fang ist langgestreckt, erscheint kräftig, weder plump noch spitz. Die Kiefer passen gut aufeinander, die Zähne bilden ein Scherengebiß, wobei die obere Schneidezahnreihe wie ein Scherenblatt über die untere greift (siehe auch Abb. 14). Die Augen sind dunkel, die Lidspalte ist klein und mandelförmig. Runde oder gar vorstehende Augen sind absolut unerwünscht.

Die langen und breiten, gut behaarten Hängeohren (Behang) sind nicht zu hoch am Schädel angesetzt und hängen an den Wangen herab.

Der kräftige **Hals** muß genügend Länge haben, um den Kopf hoch und stolz zu tragen. Nur so bekommt der Pudel Eleganz, Anmut und Ausstrahlung.

Der **Brustkorb** ist tief und kräftig, der **Rücken** gerade und fest. **Bauch** und **Flanken** sind leicht aufgezogen. Eine leicht schräge Beckenlage und die gut ausgebildete Muskulatur lassen die **Kruppe** wohlgerundet erscheinen.

Die **Rute** ist hoch angesetzt. Sie wird meist in den ersten Lebenstagen gekürzt (kupiert), leider oft geradezu verstümmelt. Zunehmend

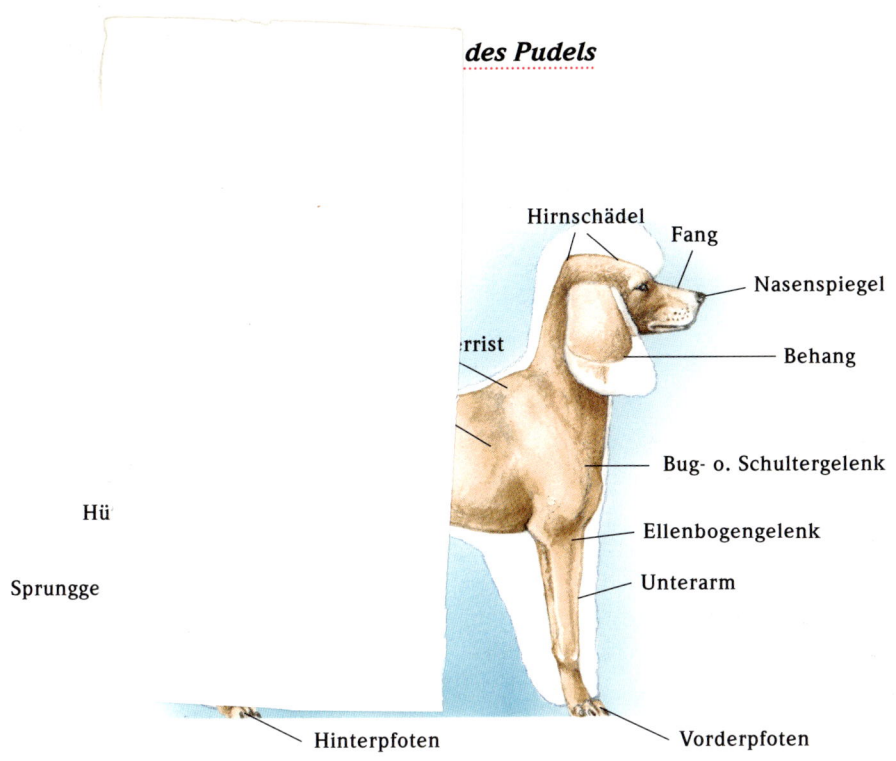

Hirnschädel
Fang
Nasenspiegel
rrist
Behang
Bug- o. Schultergelenk
Hü
Ellenbogengelenk
Sprungge
Unterarm
Hinterpfoten
Vorderpfoten

belassen die Züchter die Ruten in ganzer Länge. In einigen Ländern (Norwegen, Dänemark, Finnland u. a.) verbietet das entsprechende Tierschutzgesetz das Kupieren. In Deutschland ist ein solches Gesetz bereits novelliert. Die Rute soll leicht schräg nach oben getragen werden. Wird sie bogenförmig über den Rücken gezogen, gilt das als Fehler. Bei kupierten Ruten fällt dies natürlich weniger ins Gewicht als bei langbelassenen, was aber keinesfalls der Grund dafür sein soll, das „Stimmungsbarometer" des Pudels zu kürzen.

Die **Läufe** stehen, von vorne und hinten betrachtet, parallel und sind gerade. Eine gute Winkelung in Schulter-, Knie- und Sprunggelenk gewährleistet ein freies, elegantes Gangwerk mit guter Schrittlänge. Die Pfoten sind klein, gut geschlossen und rund.
Die **Pigmentierung,** d. h. die Färbung der Haut und der sichtbaren Schleimhäute wie Lidränder, Nasenspiegel und Zahnfleisch, ist kräftig und zwar schwarz bei schwarzen, weißen und silberfarbenen, braun bei braunen und dunkelbraun bis schwarz bei apricotfarbenen Pudeln.

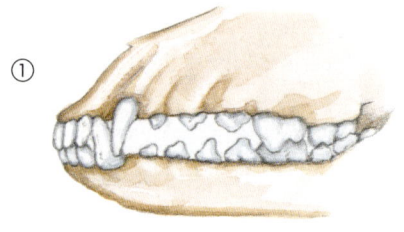

Das schmückende Haarkleid des Pudels ist sehr dicht, gut gekräuselt, kleine Locken bildend und von einheitlicher kräftiger Farbe. Es bedarf einer korrekten Schur.

Als Fehler gelten laut Rassestandard:

◆ Falsche Gebißstellung (siehe nebenstehende Abbildung),
◆ Schneidezahnverluste,
◆ Hodenlosigkeit oder Einhodigkeit,
◆ weiße Flecken im sonst farbigen Fell,
◆ angeborene Stummelrute.

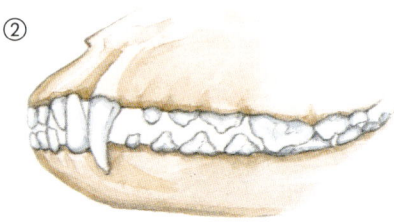

Die verschiedenen Größen und Farben

Man unterscheidet beim Pudel vier Größenvarietäten und insgesamt sieben Farbschläge. Den Großpudel gibt es allerdings nur in fünf verschiedenen Farben. Einen Überblick über die genauen Größenangaben und die einzelnen Farben der vier Größenvarietäten finden Sie in der Tabelle auf Seite 17.

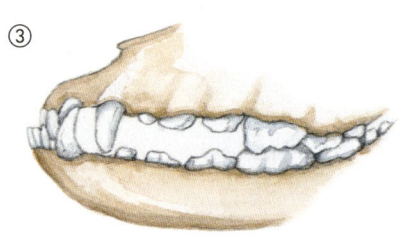

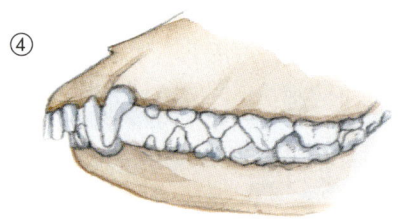

Zahnstellung: Nur das Scherengebiß ① ist korrekt; Zangengebiß ② wird toleriert; Unter- oder Vorderbiß ③ und Überbiß oder Rückbiß ④ sind Fehlstellungen

Die Größen

Der **Toypudel** ist die jüngste Größenvarietät und wurde offiziell 1987 zugelassen. Die Zucht dieser Winzlinge ist schwierig, und bei dem fließenden Übergang zur Größe **Zwergpudel** läßt sich bei der Welpenabgabe nicht mit letzter Sicherheit voraussagen, ob der ausgewachsene Pudel im erwünschten Maß bleiben wird. Das sollte jeder Toypudelkäufer wissen und bedenken!

Die Proportionen des Pudels sollen in allen Größenvarietäten die gleichen sein, doch kann das Gehirn nicht in gleichem Maße verkleinert werden wie der Körper. Deshalb ist der Schädel der sehr kleinen Pudelvarietäten aufgewölbter als der der größeren Vertreter.

Der **Zwergpudel** zählt mit seinen höchstens 35 cm Widerristhöhe ebenfalls zu den kleinen Hunderassen. Die Zucht des **Klein-** oder **Mittelpudels** ist in den letzten Jahren leider deutlich zugunsten der Toy- und Zwergpudel zurückgegangen. Erfreulicherweise steigt die Nachfrage nach diesem unkomplizierten

Schematische Darstellung der verschiedenen Größenvarianten Toy-, Zwerg-, Klein- und Großpudel

15

und von der Größe durchaus anspre-
chenden Pudel derzeit aber wieder
deutlich an.

Über viele Jahre eine Rarität auf
dem europäischen Kontinent: Der
stattliche **Großpudel,** auch als „Kö-
nigspudel" bekannt. Seit den 70er
Jahren ist er – der absolute Star
unter den Pudeln – wieder voll da!

Die Farben

Jede der vier Größen wird in den
fünf Standardfarben Schwarz, Weiß,
Braun, Silber (oder Grau) und Apricot gezüchtet.

In Deutschland sind die Mehrfarben
Harlekin (schwarz-weiß) und Black
and Tan (schwarz-lohfarben) ledig-
lich zur Register- oder Forschungs-

■ *Kopfstudie eines schwarzen
Großpudels*

zucht zugelassen. Das bedeutet, daß
diese Hunde keine von der FCI
(siehe S. 11) anerkannten Papiere
erhalten und folglich auch auf internationalen Rassehundeausstellungen
nicht gezeigt werden dürfen. Gerade
diese Schecken erfreuen sich – wie
alles Seltene – einer besonderen
Beliebtheit, und die Nachfrage der
Kaufinteressenten ist groß. Mehr-
farbige Großpudel gibt es bisher in
Deutschland nicht.

Weiße Pudel sind im jugendlichen
Alter häufig noch leicht cremefar-
ben, insbesondere an Ohren und am
Rücken.

Braune Pudel – sie sollen die Farbe
einer Kastanie haben – ergrauen leider häufig sehr früh, was dennoch
sehr apart aussehen kann.

Graue oder Silberpudel werden
schwarz geboren und silbern im
Laufe der ersten beiden Jahre durch.
Die Farbe soll dann einheitlich sein
ohne dunkle Schattierungen.

Apricotpudel werden in der Farbe
einer reifen Aprikose gewünscht. Es
gibt Linien, die ein sehr kräftiges
Apricot zeigen, was fälschlicherweise auch als „Rot" bezeichnet wird.

Harlekinpudel sind überwiegend
weiß. Das gewünschte Verhältnis
Weiss: Schwarz beträgt 60:40. Der
Kopf soll immer schwarz sein, ein

Die Grundfarbe der Harlekinpudel ist weiß mit sauber abgegrenzten schwarzen Platten (Abb. links). Black und Tan-Pudel sind schwarz und haben lohfarbene Abzeichen (Abb. rechts)

Die verschiedenen Größen und Farben			
Toypudel	Zwergpudel	Kleinpudel	Großpudel
unter 28 cm	28–35 cm	35–45 cm	45–62 cm
Schwarz	Schwarz	Schwarz	Schwarz
Weiß	Weiß	Weiß	Weiß
Braun	Braun	Braun	Braun
Silber	Silber	Silber	Silber
Apricot	Apricot	Apricot	Apricot
Harlekin	Harlekin	Harlekin	
Black-and-tan	Black-and-tan	Black-and-tan	
Die cm-Angaben beziehen sich auf die Widerrist-(= Schulter)höhe			

weißer Fleck auf dem Kopf ist je- doch gestattet. Große schwarze Platten am Körper müssen sauber vom Weiß abgegrenzt sein. Schwarze Tüpfelungen auf den weißen Flächen sind unerwünscht, kommen aber häufig vor.

Black and Tan stellt eine schwarze Grundfarbe dar mit symmetrisch angeordneten lohfarbenen Abzeichen über den Augen, an den Wangen und am Bart, an der Innenseite der Ohren, an der Vorbrust, an den Innenseiten der vier Läufe, um den After und an der Unterseite der Rute.

Die unterschiedlichen Schuren

Neben unterschiedlichen Farben und Größen verändern auch verschiedene Schuren das Pudelexterieur. Nur ein gut geschorener Pudel bietet einen erfreulichen Anblick.

Wichtig: Anfänger in der Pudelhaltung meinen gelegentlich, daß sie ihren Vierbeiner „natürlich" belassen könnten, daß sie ihn überhaupt nicht scheren lassen müßten. Davor sei eindringlich gewarnt. Ungeschorene Pudel sind in kurzer Zeit verfilzt, können nicht mehr aus den Augen schauen und vor Schmerzen

Ausstellungsschuren. Von links nach rechts: Continental Clip, Englischer Saddle Clip, Scandinavian Clip

nicht laufen, da sich die Haare an den Pfotenballen mit Schmutz zu dicken Klumpen geformt haben.

Daß pudelähnliche Hunde schon vor 2000 Jahren nach der Art eines Löwen geschoren wurden, wurde eingangs bereits erwähnt. Beim Einsatz zur Wasserjagd erwies sich die geschorene Hinterhand als hilfreich beim Schwimmen. Aus dieser Tradition heraus wurde die sogenannte „Standard"- oder „Löwenschur" entwickelt mit langer Mähne, fülliger „Weste", nacktem Hinterteil und kahlgeschorenen Läufen mit Manschetten um die Fußgelenke. Frankreich, das Land, von dem der Rassestandard verwaltet wird, verlangte auf Ausstellungen bis 1961 diese Schur zum Erlangen von Siegertiteln. Pudelliebhaber in aller Welt kümmerten sich aber erfreulicherweise wenig um die französischen Vorschriften und folgten mit großem Enthusiasmus der von Hans Thum, dem großen Kenner und Förderer der Rasse, kreierten „Karakulschur". Hierbei wurde das Haar an allen vier Läufen belassen und am Körper gleichmäßig gekürzt. Anfang der 60er Jahre entstand daraus die „Moderne Schur", die den Siegeszug der Pudel im europäischen Raum

Apricotfarbener Großpudel in korrekter Modeschur

fortsetzte, die heute für den Familienhund die gängigste ist (siehe Abb. oben) und die nun auch auf Ausstellungen gleichberechtigt anerkannt wird.

Aus England, USA und den skandinavischen Ländern kamen weitere Schurvarianten nach Europa. Sie sind aber fast ausschließlich Ausstellungspudeln vorbehalten, denn sie erfordern einen großen Pflegeaufwand und lassen den Hund recht extravagant erscheinen.

Das Wesen oder:
Des Pudels Kern

Dem harmonischen Äußeren des Pudels entspricht ein ausgeglichener Charakter und ein fröhliches Temperament.

Durch seine Größenvielfalt vermag dieser Hund sehr unterschiedliche Aufgaben zu erfüllen, und man kann ihn in der Tat als Allrounder unter den Hunderassen bezeichnen.

So eignet sich der Großpudel für die Ausbildung zum Blindenführhund, wie Beispiele in Deutschland und der Schweiz beweisen. Auch als Rettungshund wird der Größte dieser Rasse eingesetzt. Natürlich bedarf es für derlei Spezialaufgaben einer bestimmten Veranlagung, die nicht jeder Großpudel mitbringt. Hier erfolgt eine strenge Auslese. Generell gilt, daß die kleineren Varietäten quirliger sind als der Großpudel. Er ist in seinem Wesen ruhiger, souveräner und als Beschützer für Haus und Familie sehr eindrucksvoll. Dafür braucht er aber auch mehr freien Auslauf.

Insgesamt ist die Rasse von hoher Intelligenz und lernt spielerisch mit kaum zu bändigender Begeisterung, während Zwangsmaßnahmen zu keinem Erfolg führen. Daß Pudel sehr leicht Kunststückchen erlernen und beherrschen, war bereits in den vergangenen Jahrhunderten bekannt. Auch heute sind Pudel bei der Arbeit im Varieté, im Zirkus, in Shows und in Filmen zu erleben. Vor wenigen Jahren machte eine Gruppe von Kleinpudeln bei der Revue „Holiday on Ice" Furore. Es gibt allerdings Artisten, die die Arbeit mit Pudeln ablehnen, weil die Aufgabe zu leicht ist. Gibt es ein größeres Kompliment an die vierbeinigen Künstler?

Aufgrund seines unkomplizierten Charakters ist der Pudel ein Familienhund „par excellence".

„Pudel halten die Familie zusammen", sagt der Volksmund. Man versteht, was gemeint ist, wenn man den Vierbeiner dabei beobachtet, wie er „seine Menschen" bei gemeinsamen Wanderungen umkreist. Dieses Verhalten mag ein Erbe aus seiner Zeit als Hüte- und Treibhund sein. Er fühlt sich am wohlsten, wenn er alle Familienmitglieder um sich hat und bei deren Unternehmungen dabei sein darf. Stundenlange Wanderungen im Gebirge oder

Dieser braune Großpudel ist ein speziell ausgebildeter Rettungshund; hier bei der Trümmersuche

Pudel lieben das Wasser: Weißer Großpudel vor und nach dem Bad

am Strand macht er ebenso mit wie einen Stadtbummel oder Auto-, Bahn-, Kahn- und Sesselliftfahrten. Für einen Badeurlaub ist der wasserliebende Pudel geradezu sehr prädestiniert.

Bei aller Liebenswürdigkeit, die die Rasse auszeichnet, ist dieser intelligente Vierbeiner sehr wachsam und hat ein besonders gutes Gespür für Menschen mit unlauteren Absichten. Bei fremden Geräuschen „schlägt" er an, d. h., er meldet, ist aber sonst kein Kläffer. So kann man sicher sein, einen guten Wächter im Haus zu haben.

Drum prüfe,
wer sich ewig bindet...

Beim Anblick eines so herzigen Welpen geben leider viele Menschen dem spontanen Wunsch nach dem Besitz eines solchen Wollknäuels nach. Der Erwerb eines Pudels sollte jedoch gründlich überdacht werden, zieht doch mit diesem Wesen ein neues Familienmitglied ein, das sich voller Vertrauen in die Hände des Menschen begibt, dem es die Treue halten wird, ein ganzes Hundeleben lang! Von „seinen Menschen" ist es völlig abhängig, gleichzeitig wird es deren Leben grundlegend verändern, von ihnen Zeit, Verständnis und viel Liebe fordern.

Prüfen Sie sich deshalb ernsthaft, ob Sie dem so kontaktfreudigen Pudel ein artgerechtes Dasein ermöglichen können und wollen.

Pudel im Familienverband

Eignen Sie sich als Pudelhalter?

Halten Sie Familienrat: Heißen alle Familienmitglieder den neuen Hausgenossen willkommen? Ablehnung von nur einer Seite kann zu ernsthaften Spannungen führen, so daß man schließlich doch das liebe Wesen „umständehalber" in andere Hände gibt. Wohnen Sie zur Miete, ist vorher unbedingt die Zustimmung des Vermieters einzuholen (schriftlich!). Auch in einer Eigentumswohnung kann es Einschränkungen hinsichtlich der Hundehaltung geben. Leben Sie in einem Mehrfamilienhaus, dann sollten Sie Ihre Nachbarn ebenfalls von Ihrem Familienzuwachs unterrichten. Zunehmend müssen auch mögliche Allergien einzelner Familienmitglieder bedacht werden. Pudel haaren zwar bei entsprechender Pflege kaum, doch sollte man bei einer Überempfindlichkeit gegen Tierhaare grundsätzlich Abstand von jeglicher Hundehaltung nehmen. Schließlich sollten Sie sich auch dahingehend prüfen, ob Sie die nötige Zeit für einen temperamentvollen Pudel aufbringen können. Für Spaziergänge, die Pflege, das gemeinsame Spielen und die Futterzubereitung müssen Sie schon 2–3 Stunden täglich einplanen. Natürlich können die Aufgaben innerhalb einer Familie aufgeteilt werden, klären Sie dies aber vorher genau ab, und überfordern Sie Ihre Kinder nicht.
Eine weitere Überlegung sollte der Vorsorge für den Urlaub gelten. Läßt sich aus gewichtigen Gründen eine gemeinsame Ferienzeit mit Ihrem Pudel nicht realisieren, sollten Sie wissen, wem Sie in dieser Zeit Ihren lieben Hausgenossen anvertrauen können. Ihr Vierbeiner sollte auf jeden Fall seine „Gasteltern" vorher kennen. Möglicherweise nimmt auch der Züchter Ihren Liebling in Pension. Klären Sie diese Frage im Bedarfsfall schon beim Erwerb des Welpen. Alleinstehende Menschen, die einen besonders innigen Kontakt zu ihrem vierbeinigen Gefährten aufbauen, müssen wissen, wer bei eigener Erkrankung oder gar im Todesfall für den Hausgenossen sorgen wird. Wer einmal im Tierheim ein solches „Waisenkind" erlebt hat, wird verstehen, weshalb alle diese Probleme hier angesprochen werden.

Der finanzielle Aufwand

Die Kosten, die ein Hund verursacht, sind nicht unerheblich, und Sie sollten daher vor dessen Anschaffung wissen, wie hoch sie etwa sind. Neben Kaufpreis und Erstausstattung (siehe S.37) müssen Sie für den Vierbeiner jährlich Hundesteuer entrichten. Sie wird von den Städten und Gemeinden festgelegt und ist von Ort zu Ort unterschiedlich hoch. Darüber hinaus werden jährlich Impfungen fällig. Nachfolgend eine Übersicht über den gesamten finanziellen Aufwand.

Kostenübersicht			
	einmalig	**jährlich**	**laufend**
Kaufpreis			
Toypudel	1 500–2 000 DM		
Zwergpudel	ca. 1 500 DM		
Kleinpudel	900–1 500 DM		
Großpudel	1 500–2 500 DM		
Erstausstattung	80–300 DM		
Hundesteuer		80–300 DM	
Haftpflicht-versicherung		130–150 DM	
Impfungen		ca.100 DM	
Hundepflege, nach Größe unterschiedlich; ca. alle 6 Wochen			50–100 DM
Futterkosten, nach Größe unterschiedlich; monatlich			40–80 DM

Nicht berücksichtigt wurden in der Tabelle Tierarztkosten, die durch Krankheit oder Verletzung des Hundes entstehen können und in ihrer Höhe nicht vorhersehbar sind. Der Abschluß einer Hundehaftpflichtversicherung ist nicht gesetzlich vorgeschrieben, aber durchaus empfehlenswert, denn durch die Familienhaftpflicht sind Schäden, die der Hund verursacht, nicht abgedeckt. Reduzieren lassen sich möglicherweise die in der Übersicht genannten Pflegekosten, sofern der Halter das Baden selbst übernimmt. Wer das nötige Geschick dafür hat, kann sogar das perfekte Scheren erlernen. Allerdings haben die dafür notwendigen Utensilien auch ihren Preis.

Pudel und Kinder

Für Kinder ist der Pudel ein geradezu idealer Begleiter, da er – außerordentlich geduldig und selbst voller Spielfreude – nahezu alles, natürlich auch jeden Unfug, mitmacht. Je nach Entwicklungsstufe des Kindes kann ihm sein vierbeiniger Gefährte Beschützer, Vertrauter oder Kumpel sein. Die Betonung liegt auf dem Wörtchen „kann", denn Voraussetzung dafür ist, daß die Kinder einige wichtige Regeln im Umgang mit dem Hund beachten:

▬▬ Der Vierbeiner ist ein Lebewesen und kein Spielzeug. Ihn zu kneifen, am Ohr zu ziehen oder auf irgend eine andere Art zu ärgern, ist daher absolut tabu.

▬▬ Beim Schlafen oder Futtern, darf man den Hund nicht stören.

▬▬ Wenn er gerade keine Lust auf Streicheleinheiten hat, muß man dies ebenfalls respektieren.

Bedenken Sie, daß Sie selbst für Ihren Nachwuchs stets Vorbild sein müssen.

Solange Ihr Pudel noch im Welpenalter ist, sollten Sie kleinen Kindern auch nicht erlauben, ihn herumzutragen. Sie sind noch nicht imstande, ihn welpengerecht hochzuheben (siehe auch S. 39). Zur Frage, welche Größenvarietät sich besser eignet, wenn Kinder im Haushalt leben, siehe Seite 32.

Wichtig: Klein- und Kleinstkinder sollten grundsätzlich nie ohne Aufsicht mit einem Hund, gleichgültig welcher Rasse, gelassen werden.

▬▬▬ *„Hundstage" oder „Ein begossener Pudel"*

Der Pudel und der ältere oder behinderte Mensch

Ebenso wie der Pudel ein ganzes „Rudel", also eine Familie, liebt, ist er auch alleinstehenden, alten oder behinderten Menschen ein außerordentlich einfühlsamer Sozialpartner. Sein dichtes, wolliges Haar animiert geradezu zum Kraulen und Streicheln, was dem so kontaktfreudigen Vierbeiner besonders gefällt. Körperliche Schwächen oder Behinderungen erkennt der lernfähige Pudel sehr schnell und stellt sich hervorragend darauf ein. So lernt z. B. ein Pudel seinem im Rollstuhl sitzenden Herrchen oder Frauchen heruntergefallene Gegenstände aufzuheben und zu bringen. Es ist auch bekannt, daß Pudel gehörlosen Menschen das Ohr sozusagen ersetzen können, indem sie das Läuten an der Haustür oder andere für die betreffende Person wichtige Geräusche auf eine bestimmte Weise anzeigen. Gerade Körperbehinderte wollen daher ihren vierbeinigen Gefährten nicht nur als „Seelentröster" verstanden wissen, sondern sehen in

Dieser schwer körperbehinderte junge Mann hat nicht nur viel Freude an seiner Kleinpudelhündin. Sie hilft ihm auch bei der Bewältigung des Alltags

ihm vor allem auch einen zuverlässigen Helfer im Alltag.

Alten Menschen ist der intelligente Pudel oft der einzige Ansprechpartner und die einzige Verbindung zur Außenwelt.

Nicht selten werden über den drolligen und immer gut gelaunten Pudel auch wieder menschliche Kontakte geknüpft.

Natürlich dürfen bei all diesen Vorteilen für den alten oder behinderten Menschen auch die Bedürfnisse des Hundes nicht außer acht gelassen werden. Ausreichender Auslauf und regelmäßige Pflege müssen gewährleistet sein. Auch die Frage, wer den Vierbeiner nimmt, wenn Herrchen oder Frauchen ins Krankenhaus muß, muß unbedingt vor der Anschaffung des Tieres beantwortet werden. Alte Menschen, die sich einen Pudel als „Gesellschafter" ins Haus nehmen möchten, sollten sich überlegen, ob es unbedingt ein Welpe sein muß. Ein Hund mit solider Grunderziehung, der seine stürmische Jugendzeit bereits hinter sich hat, erfordert weniger Anstrengungen und fügt sich besser in den meist sehr ruhigen und geordneten Lebensstil alter Menschen ein.

Der Pudel und andere Heimtiere

Gehören bereits andere Heimtiere zur Familie, und beabsichtigen Sie, sich einen Pudelwelpen zu kaufen, wird es von seiner Seite voraussichtlich keine Probleme geben. Die Palette tierischer Mitbewohner kann dabei groß und bunt sein: Papageien, Ziegen, Kaninchen, Frettchen, Pferde, Schafe und natürlich die Zimmertiger. Der Kleine wird sich problemlos daran gewöhnen. Sogar kleine Nagetiere wie Hamster oder Mäuse oder kleine Ziervögel werden vom Pudel oft als Teil des Familienrudels betrachtet. Sicherheitshalber sollten Sie Ihren Vierbeiner aber (egal ob Toy- oder Großpudel) mit so kleinen Heimtieren nie alleine lassen. Ihre schnellen Bewegungen könnten in ihm den Jagdinstinkt wecken.

Was das Zusammenleben von Katze und Hund betrifft, so verläuft dies um so harmonischer, je jünger beide Tiere noch sind, wenn sie zusammentreffen. Haben Sie bereits eine ausgewachsene Katze, so kann es Probleme geben, weil die Samtpfote den Hund nicht akzeptiert. Der umgekehrte Fall macht in der Regel weniger Probleme: Wenn der Pudel

Die beiden verstehen sich!

bereits längere Zeit im Haushalt lebt, wird er ein neu hinzugekommenes kleines Kätzchen bestimmt tolerieren.

Wenn ein ausgewachsener Pudel bei Ihnen einziehen soll, ist es wichtig zu wissen, ob und wenn ja, welche Erfahrungen er bereits mit anderen Tieren gemacht hat.

Wichtig: Machen Sie Ihren Pudel ganz langsam und nur unter Ihrer Aufsicht mit den übrigen tierischen Mitbewohnern vertraut!

Ein Pudel
soll ins Haus

Die Qual der Wahl

Die Würfel sind also gefallen, ein Pudel soll ins Haus! Bevor Sie sich nun aber auf die Suche nach Ihrem Wunschhund machen können, müssen Sie für sich die folgenden Fragen beantworten:

1. Welche Größe und Farbe soll er haben?
2. Rüde oder Hündin?
3. Welpe oder erwachsener Hund?

1. Bei beschränktem Wohnraum ist ein Toy- oder Zwergpudel bei Ihnen gut aufgehoben. Sind Sie allerdings

Bei diesem munteren Haufen fällt die Auswahl schwer

sportlich, wollen Sie viel und ausdauernd wandern oder haben Sie kleinere Kinder, dann ist ein Toypudel nicht der richtige Partner für Sie, und Sie sollten sich besser für den etwas robusteren Kleinpudel entscheiden. Lassen es die Wohnverhältnisse zu, und haben Sie genügend Zeit, dann entschließen Sie sich zum Kauf eines stattlichen Großpudels!

Die Wahl der Farbe ist sicherlich eine Frage des persönlichen Geschmacks. Weiße Pudel müssen übrigens nicht häufiger gebadet wer-

den als andersfarbige, beim täglichen Bürsten werden Staub und Schmutz entfernt.

2. Entgegen der landläufigen Meinung sind Rüden ebenso anhänglich wie Hündinnen. Allerdings ist der männliche Rassevertreter das ganze Jahr über in hormoneller Hochstimmung, während die Hündin nur etwa alle 6–7 Monate während der Hitze oder Läufigkeit paarungsbereit ist und dann einer strengen Beaufsichtigung bedarf.

Unser Tip

> Wer Probleme beim Sehen in der Dunkelheit hat, sollte sich beim Pudel zu einer hellen Farbe entschließen, am besten zu Weiß.

Zur Frage des Geschlechts siehe auch das Kapitel „Der geschlechtsreife Pudel", Seite 81.

3. Ob Sie einen Welpen oder einen erwachsenen Pudel zu sich nehmen wollen, hängt von Ihrer Einstellung und Ihren persönlichen Verhältnissen ab. Der Welpe bedarf der intensiven Beaufsichtigung und Erziehung. Andererseits wächst er dadurch ins Familienrudel hinein, ist formbar, und Sie können durch Ihr

Silberpudel werden schwarz geboren und silbern im Laufe der ersten beiden Lebensjahre durch

Einwirken unerwünschte Verhaltensweisen verhindern. Nehmen Sie einen ausgewachsenen Pudel ins Haus, so ist dieser meist stubenrein, in seinem Verhalten jedoch weitgehend gefestigt und geprägt.

Wichtig: Als Anfänger auf dem Gebiet der Hundehaltung ist bei einem älteren Hund Vorsicht geboten. Sind die Verhältnisse, aus denen der Hund kommt, nicht bekannt, besteht das Risiko, daß der Vierbeiner bereits schlechte Erfahrungen gesammelt hat. Er hat möglicherweise unauslöschliche negative Eigenarten entwickelt, die Ihnen ein Zusammenleben erschweren.

Hundekauf ist Vertrauenssache

Möchten Sie einem erwachsenen Pudel ein neues Zuhause geben, wenden Sie sich am besten an einen Zuchtverband (Adressen siehe Anhang). Oft suchen Züchter für herrenlos gewordene Tiere (Scheidungswaisen, Tod des Besitzers etc.) neue Besitzer. Auch im Tierheim können Sie auf einen Pudel stoßen. In jedem Fall sollten Sie versuchen, möglichst viel über das bisherige Leben Ihres neuen Vierbeiners herauszufinden und ihn besser kennenzulernen, bevor Sie ihn zu sich holen. So ersparen Sie sich und ihm möglicherweise Enttäuschungen.

Wichtig: Haben Sie sich zum Erwerb eines Welpen entschlossen, sollten Sie den Kauf keinesfalls bei einem Hundehändler tätigen.

Lassen Sie sich nie aus Mitleid mit einem Hundebaby zu einem Kauf überreden. Für jeden verkauften Welpen sind gleich mehrere andere da. Die Tiere stammen meist aus Massenzuchten und sind:
- selten geimpft, wenngleich Ihnen ein Impfpaß vorgelegt wird,
- häufig krank,
- schlecht ernährt,
- viel zu früh dem Muttertier fortgenommen
- fast immer total verwurmt.

Auch „Züchteranzeigen" in Tageszeitungen, die einen Welpenversand anbieten, sollten Sie in jedem Fall unberücksichtigt lassen, denn ein verantwortungsbewußter Züchter gibt auf diese Weise keinen Welpen ab. Wenden Sie sich bei der Suche nach einem seriösen Züchter an die Welpenvermittlungsstellen der

◆ *Welpenlager oder das Welpen„ställchen" wie auch die Welpen selbst sind sauber*

◆ *Der Züchter hat erkennbar guten Kontakt zu seinen Hunden*

◆ *Ihnen werden nicht nur die Welpen, sondern auch die Hundemutter vorgeführt*

◆ *Alle Tiere sind gut genährt und gepflegt*

◆ *Die Hunde zeigen keine Scheu, kommen neugierig heran*

Zuchtverbände (Adressen siehe Anhang), und lassen Sie sich dort ausführlich beraten. Schauen Sie sich beim Züchter um. Auf welche Punkte Sie dabei achten sollten, zeigt die obenstehende Checkliste.

Wichtig: Scheue Welpen sind nicht gut sozialisiert – Hände weg!

Sind obige Kriterien erfüllt, stehen die Chancen sehr gut, daß Sie einen verantwortungsvollen Züchter gefunden haben. Stellen Sie ihm auch Fragen, wie z. B.:

▨▨▨ Wie läuft die Betreuung des Wurfes durch den Zuchtverband ab bzw., ist eine Kontrolle bereits erfolgt?

▨▨▨ Wann werden die Welpen tätowiert? (In der Regel zwischen der 7. und 8. Lebenswoche.)

Möglicherweise werden die Welpen nicht tätowiert, sondern bekommen zur Identifizierung vom Tierarzt einen Mikrochip eingesetzt. Die Unterlagen dafür müssen Ihnen ebenso vorgelegt werden wie der Impfpaß. Erkundigen Sie sich auch nach den Vorfahren. Einige Züchter werden Ihnen möglicherweise einen Teil der Ahnenreihe in natura vorführen können. Wenn recht betagte Pudel dabei sind, ist das ein gutes Zeichen für die Langlebigkeit der Linie und spricht für die Fürsorge des Besitzers, der seinen alten Hunden ein gutes Zuhause bietet.

Fragen Sie auch nach eventuell bereits erkennbaren Fehlern. Wenn Sie einen „Familienhund" suchen, ist es nicht weiter von Bedeutung, wenn der Pudel z. B. nur fünf Schneidezähne hat. Solche Welpen werden

34

Gut sozialisierte schwarze Kleinpudelwelpen

dann preisgünstiger abgegeben als sichtlich perfekte Tiere.
Schließlich wird ein guter Züchter auch Sie befragen, sich nach Ihren Lebensumständen erkundigen, denn er ist daran interessiert, seine liebevoll aufgezogenen Welpen bestens zu plazieren. Er wird sicher auch später zu Ihnen Kontakt behalten und Ihnen in Fragen der Hundehaltung gerne mit Rat und Tat zur Seite stehen.

Wichtig: Die Welpen müssen bei der Abgabe wenigstens 8 Wochen alt sein.

Der neue
Hausgenosse zieht ein

Was ist vorab zu tun?

Für den Fall, daß Sie sich für einen Welpen entschieden haben, sollten Sie kritisch Ihren Wohnbereich überprüfen, bevor Ihr neuer Hausgenosse bei Ihnen einzieht. Alles was für einen neugierigen Welpen erreichbar ist, wird er nämlich mit seinen spitzen Milchzähnchen genau untersuchen. Elektro- und Telefonkabel müssen deshalb hochgelegt werden oder für das Hundekind unerreichbar hinter dem Mobiliar verschwinden. Grünpflanzen gehören in dieser Zeit nicht auf den Fußboden, sie werden mit Sicherheit „gepflückt" und können unter Umständen giftig für den Welpen sein. Schuhe, Handschuhe, Schals und Mützen sind ein herrliches Spielzeug! Ihr neuer Hausgenosse kann übrigens nicht unterscheiden zwischen einem alten Latschen, den Sie ihm überlassen haben und einem teuren Markenschuh, auf den Sie selbst noch Wert legen. Ihr Pudel wird Sie also in den kommenden Wochen ganz schön zur Ordnung erziehen. Aber keine Sorge, diese Phase ist nur kurz und bei verständnisvoller und konsequenter Erziehung werden Sie alsbald einen manierlichen Gesellschafter an Ihrer Seite haben.

Spielt sich Ihr Leben auf verschiedenen Wohnetagen ab, vergessen Sie nicht die Sicherung der Treppen.

Wichtig: Treppauf wird Ihr Pudelwelpe Sie alsbald begleiten, treppab sollten Sie ihn auf jeden Fall bis zum 4. oder 5. Lebensmonat tragen, damit die noch nicht genügend gefestigten Gelenke und Bänder der Vorhand nicht zu stark belastet werden.

Vor dem Einzug des neuen Hausgenossen sollten Sie auch bereits die wichtigsten Utensilien im Haus haben. Einen Überblick über die nötige Grundausstattung für den kleinen Vierbeiner gibt die nachfolgende Checkliste.

C h e c k l i s t e	Grundausstattung

- ◆ *Körbchen*
- ◆ *standfeste Futter- und Wasserschüssel*
- ◆ *spezielle Pudelbürste und grobzinkiger Kamm*
- ◆ *Halsband und Leine*
- ◆ *Spielzeug*
- ◆ *Futter*

Als Ruheplatz eignet sich am besten ein flexibles weiches Plüschkörbchen, das waschbar ist. Weidenkörbe sind weniger geeignet, sie verleiten zum Knabbern. Die Schlafstätte ist für den Hund ein sehr wichtiger Ort, sein ganz persönliches Terrain, auf das Sie ihn auch später verweisen müssen, wenn er mal zu sehr im Vordergrund stehen möchte. Eine Transportbox kann ebenfalls als Ruhe- oder Rückzugsbereich dien-

lich sein. Für einen Großpudel empfiehlt sich ein im Wohnbereich aufgestellter zusammenklappbarer Käfig (in verschiedenen Größen im Zoofachhandel erhältlich), in den er sich bei immer geöffneter Tür zurückziehen kann. Da er alles, was um ihn herum passiert, verfolgen kann, wird er ein solches „Häuschen" gerne annehmen.

Futter- und Wasserschüssel sollten nach außen schräg abfallende Wandungen aufweisen, damit später die langen Ohren nicht in den Schüsselinhalt hängen. Die Pflegeutensilien (Bürste, Kamm) erwirbt man am besten in einem Hundepflegesalon. Das Halsband darf dem Hund natürlich nicht über den Kopf rutschen, Sie werden daher mehrere kaufen müssen bis Ihr Vierbeiner ausgewachsen ist. Eine einfache lange

Leine ist für den Welpen zweckmäßiger als eine Roll-Leine.

Natürlich brauchen Sie auch etwas Spielzeug, mit dem sich Ihr Welpe beschäftigen kann, das Sie aber sehr kritisch aussuchen sollten. Quietschpüppchen aus Plastik oder Gummi sind denkbar ungeeignet, sie werden bei der Knabberfreudigkeit kein langes Leben haben und abgeschluckte

Bevor Sie Futter beschaffen, verständigen Sie sich zunächst mit dem Züchter. Lassen Sie sich für die ersten Tage einen „Speiseplan" mitgeben und bleiben Sie vorerst bei dem Futter, das Ihr Welpe beim Züchter bekommen hat. Eine Futterumstellung gleich am Anfang wäre ein zu großer Streß für Ihren kleinen Vierbeiner.

Teile können eine Gefahr für den Welpen bedeuten. Tennisbälle sind hingegen gut geeignet. Plüschtiere, nicht zu groß und zu prall gefüllt, kann man mit etwas Geschick selbst herstellen, natürlich auch ohne Metall- oder Plastikteile. Ein paar verknotete alte Handtücher sind bestens für Beutefangspiele geeignet. Und dann gibt es die Büffelhautartikel in allen möglichen Größen und Formen, die zum Knabbern ideal sind. Einige Leckerli, besonders solche zum Erproben der Zähne, sollten ebenfalls bereits im Haus sein, wenn Ihr Pudel Einzug hält.

Die Eingewöhnung

Für das Eingewöhnen und eventuell notwendige Erziehen eines älteren Pudels gibt es keine verbindlichen Ratschläge. Es kommt immer darauf an, in welchen Verhältnissen der Hund vorher gelebt hat. Ist er gut geprägt und sozialisiert, werden Sie kaum Schwierigkeiten mit seiner Eingewöhnung haben. Mögliche „Macken" müssen Sie ihm mit viel Geduld abgewöhnen.

Haben Sie sich für einen Welpen entschieden, erwarten Sie andere Schwierigkeiten. Der junge Hund wird aus seinem bisherigen Sozialverband (Züchter, Mutter und Wurfgeschwister) herausgerissen und kommt nun zu Ihnen in eine völlig fremde Umgebung. Das bedeutet zweierlei: Zum einen ist er anfangs möglicherweise verunsichert oder ängstlich, und zum anderen können Sie bei ihm noch keinerlei „Vorkenntnisse" in punkto Manieren voraussetzen.

Für die Autofahrt ins neue Daheim sollte unbedingt eine Hauptbezugsperson auf einem hinteren Sitz mit dem Welpen Platz nehmen, ihn auf dem Schoß halten und beruhigend auf ihn einwirken. Vergessen Sie auch nicht, ein Handtuch oder Zellstoff für alle Eventualitäten mitzunehmen.

Zu Hause angekommen, dürfen nicht gleich zu viele neue Eindrücke auf den Welpen einstürmen. Geben Sie ihm Zeit, seine Umgebung langsam zu erkunden. Freunde und Nachbarn können Ihr neues Familienmitglied auch in den nächsten Tagen noch kennenlernen. Vergessen Sie nicht, den kleinen Neuankömmling immer wieder ins Freie zu tragen, damit er Harn und Kot absetzen kann. Stellen Sie ihm Wasser und etwas Futter hin, quälen Sie ihn aber nicht, wenn er am ersten Tag – nach so viel Aufregung – noch fasten möchte.

Wichtig: Achten Sie darauf, daß alle den Welpen auch welpengerecht hochheben. Mit einer Hand greifen

Die praktische Transportbox

Sie stützend unter das Hinterteil, mit der anderen unter den Brustkorb, wobei die Vorderläufe gleichzeitig leicht an den Körper gedrückt werden.

Natürlich sollten Sie den Welpen nicht ständig herumtragen. Er wird Ihnen von sich aus folgen, denn er sucht ja den Anschluß. Diesen Drang der Kontaktsuche können Sie in den nächstenTagen und Wochen gut für Ihre spielerischen Erziehungsbemühungen nutzen. In der Eingewöhnungszeit sind Transportbox oder Käfig sehr nützlich, wenn man das Hundekind einmal für kurze Zeit unbeaufsichtigt im Raum lassen muß. Die Tür wird dann geschlossen und man kann sicher sein, daß der Kleine keinen Schaden anrichten kann. Tun Sie das aber wirklich nur selten und für kurze Zeit, sonst wird der Welpe diesen Aufenthaltsort meiden.

Auch für die Nächte der allerersten Zeit ist eine solche Bewegungsbeschränkung von Vorteil. Stellen Sie die Transportbox (auch ein genügend hoher Pappkarton ist dafür geeignet) neben Ihr Bett und machen dem Kleinen ein schönes Lager. Fängt er an zu jammern, müssen Sie ihm nur Ihre Hand vor das Näschen halten, ihn etwas streicheln und er wird wissen, daß er nicht verlassen ist und bald weiterschlafen.

Wichtig: Verordnen Sie sich und Ihrer gesamten Familie von dem Augenblick an, da Sie den Welpen über die Schwelle tragen, absolute Konsequenz.

Wenn Sie nicht möchten, daß sich Ihr ausgewachsener Pudel auf den Polstermöbeln räkelt, dürfen Sie ihm selbstverständlich auch am Ankunftstag diesen Platz nicht anbieten, auch nicht auf Ihrem Schoß. Und in all der verständlichen Freude und Begeisterung passen Sie gut auf, daß Sie den Welpen nicht treten. Er ist flink wie ein Wiesel, bewegen Sie sich also betont langsam und entsprechend vorsichtig.

Stubenreinheit und Leinenführigkeit

Die Erziehung zur **Stubenreinheit** ist Ihre nächste, aber sicher nicht allzu schwierige Aufgabe, denn Pudel begreifen sehr schnell, was man von ihnen erwartet. Sie müssen den Welpen stets nur sehr genau beobachten.

Wichtig: Nach dem Essen und nach dem Schlafen „muß" der Welpe. Tragen Sie ihn dann sofort ins Freie auf einen weichen Untergrund, und er wird dort bald sein „Geschäft" erledigen.

Loben Sie ihn sehr, wenn es geklappt hat. Ihr Tonfall ist dabei ausschlaggebend. Bringen Sie ihn immer an den gleichen Ort, dann weiß er sehr schnell, was Sie jetzt von ihm erwarten.

Im Wohnbereich, wo sein Körbchen steht, sollte man sicherheitshalber wertvolle Teppiche vorübergehend aufrollen.

Einige Züchter legen ihren Welpen Zeitungspapier als Hundetoilette aus und empfehlen dies für den Anfang auch den neuen Besitzern. Mit 8 Wochen hält der Welpe nämlich sein Lager bereits sauber und sucht sich instinktiv außerhalb eine saugfähige Unterlage. Wenn Sie nun die Zeitungslage jeden Tag etwas weiter vom Körbchen entfernen, können Sie ihm langsam den Weg an die Tür weisen. Besser ist es jedoch, aufzupassen, ihn hochzuheben und nach draußen zu bringen und das Zeitungspapier nur „für alle Fälle" auszubreiten. In seiner Schlafbox oder dem Käfig sollten Sie aber am Anfang ruhig neben der Liegefläche eine kleine Ecke mit Zeitungspapier belegen. Lassen Sie den Welpen sich am Abend noch einmal versäubern, tragen Sie ihn am frühen Morgen gleich nach seinem Erwachen an den bestimmten Ort im Freien. So werden Sie ihn auch über Nacht ganz schnell sauber bekommen.

Wichtig: Beobachten Sie Ihren Welpen genau. Bewegt er sich mit tiefer Nase vorwärts oder dreht sich im Kreis, dann nehmen Sie ihn sofort hoch und bringen ihn ins Freie.

Ist trotz aller Aufsicht einmal ein Malheur passiert, putzen Sie alles sauber auf und wischen mit Essigreiniger nach. Schimpfen dürfen Sie jetzt auf gar keinen Fall mit dem Welpen oder ihn gar strafen. Überhaupt gilt bei der Erziehung zur Reinlichkeit wie zu jeder anderen erwünschten Handlung: Lob ist für den Welpen ein lustvolles Erlebnis und daher die beste Motivation. Die **Gewöhnung an Halsband und Leine** bereitet im allgemeinen wenig Probleme. Das Halsband legen Sie Ihrem Vierbeiner am besten an, bevor Sie intensiv mit ihm spielen.

Dieser Junghund läuft schon recht gesittet an der Leine

Später klinken Sie die Leine ein und lassen sie einfach lose hängen. Nach einiger Zeit nehmen Sie das Ende in die Hand. Lassen Sie aber den Welpen unbedingt so laufen wie er es möchte. Jedes gewaltsame Zerren würde in dieser Phase bei ihm Panik auslösen. Zu zweit – eine Person lockt, die andere hat ihn an der Leine – läßt er sich noch leichter an das unbekannte „Anhängsel" gewöhnen. Unternehmen Sie die ersten Gehversuche an der Leine im eigenen Garten oder in einer stillen Gegend. Bald wird Ihr kleiner Pudel Gefallen daran finden, Neues zu sehen und kennenzulernen, so daß das Anlegen von Halsband und Leine bereits eine freudige Erwartungsstimmung auslöst. Erst wenn Halsband und Leine ganz vertraut für ihn geworden sind, dürfen Sie mit sanftem Ruck an der Leine das geordnete Laufen ohne Zerren üben. Wenn Sie Ihren jungen Pudel in der ersten Zeit nicht überfordern und diese Übungen mit sehr viel Lob vebinden, wird er sich ganz schnell zu einem gesitteten Begleiter entwickeln.

Kleiner Exkurs in die Verhaltensforschung

Im ersten Kapitel dieses Büchleins haben Sie erfahren, daß alle Hunde vom Wolf abstammen. Aus der vergleichenden Verhaltensforschung an Wölfen und Hunden wissen wir, daß bei unseren Haushunden bis heute noch zahlreiche Verhaltensmuster ihrer Vorfahren erhalten geblieben sind.

Die Körper- und Lautsprache des Pudels

Lebewesen, die einem Rudel angehören, müssen – soll es nicht zu einer Störung des sozialen Friedens kommen – eine Form der Verständigung finden. In vergleichenden Untersuchungen an Wölfen und Pudeln konnte der Verhaltensforscher Eric Zimen zeigen, daß Wölfe optische Signale wie Mimik und Körpersprache häufiger und viel differenzierter einsetzen als Pudel. Letztere verständigen sich vorwiegend über die Lautsprache.

Die Körpersprache

Nachfolgend die wichtigsten Körpersignale (Gestik) und ihre Bedeutung:

Ist der Pudel neugierig, gespannt oder will er einem Artgenossen Dominanz demonstrieren, so zeigt sich dies mit einer hochgestellten Rute, geradem Rücken und hochgetragenem Kopf. Er vergrößert dadurch sein Erscheinungsbild.

Bei Freude wedelt er dabei noch heftig mit der Rute.

Hat der Pudel Angst oder will er Unterwürfigkeit zeigen, „macht er sich kleiner": Er knickt die Beine ein, senkt den Kopf und zieht die Rute ein. Eine Steigerung dieses Verhaltens ist das Sich-auf-den-Rücken-Legen mit gleichzeitigem Urinieren. Auch das Pföteln und der Schnauzenstoß, der fälschlicherweise als „Küßchengeben" interpretiert wird, sind Beschwichtigungsgesten.

Die **Mimik** als Verständigungsmittel ist beim Pudel weitgehend verlorengegangen. Sicherlich spielte hierbei

auch das langhaarige Fell eine Rolle, das die Gesichtszüge weitestgehend verdeckt. Interessanterweise begegnet man aber in einzelnen Zuchtlinien immer wieder einer ganz besonderen Mimik, die man aus menschlicher Sicht als Lachen interpretieren kann: Bei freudiger Erregung und bei leichter Verlegenheit (wiederum menschlich interpretiert) blecken diese Pudel bei leicht geöffnetem Fang durch Zurückziehen der Lefzen die Zähne. Ich kenne eine braune Großpudellinie, in der diese Mimik besonders ausgeprägt ist.

Die Lautsprache

Von den akustischen Signalen ist das **Bellen** am bekanntesten. Es kann sehr differenziert ausgeführt werden – das freudige Bellen klingt beispielsweise viel höher als das warnende.

Winseln und Fiepen sind immer mit einem gewissen Unwohlsein oder – wie es der Verhaltensforscher Trumler ausdrückte – mit einer Bitte verbunden:

▬▬▬ Ihr Pudel möchte ins Freie, weil er ein dringendes Bedürfnis verspürt (das kann bei einem Rüden auch eine läufige Hündin in der Umgebung sein),

▨▨▨ seine Wasserschüssel ist leer, und er hat Durst,

▨▨▨ sein Bällchen ist für ihn unerreichbar unter den Schrank gerollt,

▨▨▨ er will Sie daran erinnern, daß seine Fütterungszeit gekommen ist,

▨▨▨ er fühlt sich allein gelassen und vermißt den sozialen Kontakt.

Einsamkeit kann auch Anlaß zum **Heulen** sein. Diese Lautäußerung kann aber ebenso durch bestimmte Geräusche wie z. B. das Läuten von Kirchenglocken hervorgerufen werden.
Bei größeren Pudelmeuten gehört das Chorheulen zum täglichen Programm und ist Ausdruck einer ausgewogenen und freudigen Stimmung.
Knurren und Brummen stellen Lautäußerungen mit negativem Hintergrund dar und sind als Warnung zu verstehen.
Wuffen ist ein unterdrücktes Bellen mit geschlossener Schnauze und ist ebenfalls ein Warnlaut, den der Pudel von sich gibt, wenn er eine Gefahr wittert, sich aber noch nicht sicher ist. Vielfach schließt sich an das Wuffen erregtes Bellen an.
Schreien ist ein akustisches Signal bei großem Schmerz oder Angst. Die Angst des Hundes resultiert dabei in der Regel aus der Erinnerung an eine frühere bedrohliche Situation, die mit einem Schmerzerlebnis verbunden war. Haben die intelligenten Pudel erfahren, daß ihr Schreien sofort die Zuwendung des Menschen hervorruft, können sie diese Lautäußerung auch schon mal als kleinen Trick benutzen.

Die Wesensentwicklung des Welpen

Aus der vergleichenden Verhaltensforschung ist bekannt, daß bei Hunden ebenso wie bei ihren Vorfahren, den Wölfen, bestimmte Präge- und Lernvorgänge an deutlich begrenzte Zeitabschnitte der Jugendentwicklung gebunden sind. In diesen Lebensphasen sind die Welpen bzw. Junghunde besonders neugierig und lernfähig und sollten daher mit möglichst vielen Umweltreizen vertraut gemacht werden. Verstreicht die Zeit ungenutzt, so lassen sich die Lernvorgänge später nur noch sehr unvollkommen oder gar nicht nachholen. Deshalb ist die Jugendentwicklung unseres Welpen von so eminenter Bedeutung. Nachfolgend werden die wichtigsten Entwicklungsphasen kurz vorgestellt.

Prägungsphase

Die 4.–7. Lebenswoche wird allgemein als Prägungsphase bezeichnet, d. h., in dieser Zeit wird der Welpe auf Lebewesen seiner Umgebung geprägt, das sind in der Regel seine Artgenossen (Mutter und Geschwister) und der Mensch (Züchter). Welpen, die in dieser Zeit keinen ausreichenden Körperkontakt zu Menschen bekommen, bleiben ihnen gegenüber oft zeitlebens zurückhaltend. Deshalb ist es so wichtig, die Welpen beim Züchter zu beobachten, um die Beziehung zwischen ihm und dem Nachwuchs zu erkennen.

Sozialisierungsphase

Im Wolfsrudel üben die Welpen in diesem, ungefähr von der 8. bis 12. Woche dauernden Entwicklungsabschnitt in Scheinkämpfen und Beutefangspielen die angeborenen Verhaltensweisen situationsgerecht anzuwenden. Neben dem Vaterrüden beteiligen sich jetzt auch zunehmend die anderen Rudelmitglieder an der Erziehung der Welpen. Werden die Jungen im Spiel einmal zu grob, werden sie von den erwachsenen Tieren diszipliniert. Auf diese Weise lernen die Welpen Sozialverhalten und werden ins Rudelleben eingeführt.

Geben Sie Ihrem Hund möglichst häufig die Gelegenheit zum Spielen mit Artgenossen, dann wird aus ihm bestimmt kein Raufer

Der Pudel muß wissen, daß auch Kinder in der Rangordnung über ihm stehen

Beim Hund fällt die Sozialisierungsphase in der Regel mit der Trennung von Mutter und Wurfgeschwistern und dem Wechsel zum neuen Besitzer zusammen. An die Stelle des Hunde- bzw. Wolfsrudels tritt nun also der Mensch und es ist an ihm, aus dem verspielten Welpen einen braven Hund zu machen.

Rangordnungsphase

Im Alter von ca. 13–16 Wochen sind die Welpen äußerst lernfähig. Erfahrungen, die sie in dieser Zeit machen, beeinflussen die Charakterbildung wesentlich. Sie sollten diesen Enwicklungsabschnitt daher dazu nutzen, Ihren Vierbeiner mit all den Dingen und Situationen vertraut zu machen, die ihm später begegnen können: Stadtverkehr, Menschenansammlungen, Radfahrer, Jogger, vorübergehendes Alleinbleiben etc. Natürlich sollte er auch weiterhin regelmäßig mit anderen Hunden zusammentreffen, damit er den richtigen Umgang mit Artgenossen lernen kann. Mit den ersten Gehorsamsübungen sollten sie in dieser Zeit ebenfalls beginnen.

Pubertätsphase

In der Pubertätsphase, die meist im Alter von 6–8 Monaten beginnt, versucht der Hund, seine Grenzen auszuloten und für sich einen möglichst hohen Rangplatz in der „Rudelhierarchie" zu ergattern. Dominante Vierbeiner versuchen z. B. Überlegenheit zu demonstrieren, indem sie auch bei ihren Menschen „aufreiten", d. h. Deckbewegungen ausführen. Ein solches Verhalten müssen Sie sofort unterbinden. Wundern Sie sich auch nicht, wenn Ihr Pudel plötzlich so tut, als verstehe er Ihre Kommandos nicht. Er stellt damit Ihre Autorität in Frage. Gerade jetzt dürfen Sie aber als Leitbild nicht versagen, denn Ihr Pudel braucht die Gewißheit, in Ihnen einen zuverlässigen Rudelführer zu haben. Anderenfalls kann er sich zum Haustyrannen aufspielen. Um Ihrem widerspenstigen „Halbstarken" klar zu machen, daß Sie der Chef sind, eignen sich z. B. folgende Übungen:

■ Gehen Sie stets als erster durch die Tür, und erlauben Sie Ihrem Hund nicht, sich an Ihnen vorbeizu drängeln.

■ Verhindern Sie, daß er Ihnen in der Wohnung überall hin folgt. Sie als Rudelchef dürfen für sich einen größeren Aktionsradius beanspruchen.

■ Bestimmen Sie Zeitpunkt und Dauer des gemeinsamen Spiels.

■ Nehmen Sie jeden Tag pflegerische Handlungen (Bürsten, Kontrolle der Zähne, der Ohren, der Afterregion usw.) an ihm vor.

■ Lassen Sie ihn täglich einige Gehorsamsübungen machen.

■ Nehmen Sie ihm immer mal wieder sein Spielzeug weg und lassen Sie keinesfalls zu, daß er es vor Ihnen verteidigt.

Wichtig: Geben Sie nicht nach, bleiben Sie aber stets ruhig. Antiautoritäre Erziehung verunsichert Ihren Vierbeiner ebenso wie Unbeherrschtheit.

Die Erziehung

Das Spielen nicht vergessen!

Die Grundlage für eine erfolgreiche Erziehung Ihres Pudels ist Vertrauen. Der Hund wird um so gelehrsamer sein, je mehr er Ihnen vertraut und Sie als „Rudelchef" anerkennt. Besonders wenn Sie sich für einen Welpen entschieden haben, ist häufiges gemeinsames Spielen die beste Möglichkeit, eine gute und enge Bindung zu ihm aufzubauen. Wichtig ist allerdings, daß Sie Beginn und Ende des Spiels bestimmen, um dem Kleinen von Anfang an Ihre Autorität zu demonstrieren. Auf diese Weise begreift er sehr einfach, daß Sie der Chef sind.

Wird der Welpe beim gemeinsamen Herumtollen einmal zu grob, brechen Sie das Spiel sofort ab – das reicht als Disziplinierungsmaßnahme. Kommt Ihr Welpe anschließend fröhlich und vertrauensvoll zu Ihnen, empfangen Sie ihn freundlich, denn er kann keinen Zusammenhang herstellen zwischen seiner Grobheit von vorhin und der jetzigen Kontaktaufnahme. Tragen Sie ihm also nie etwas nach.

Natürlich sollten die einzelnen Spielphasen am Anfang auch nicht zu lang sein, um den Welpen nicht zu überfordern.

Auch ein erwachsener Pudel erfreut sich am täglichen Spiel

Wichtig: Für die Wesensentwicklung des Welpen ist neben dem Spiel mit „seinen" Menschen auch das Spiel mit Artgenossen von großer Bedeutung. Geben Sie Ihrem Welpen und Junghund daher genügend Gelegenheit zur Kontaktaufnahme und zum Herumtollen mit anderen Hunden. Denn nur so kann er Sozialverhalten üben. Sie müssen allerdings sicher sein, daß die anderen Hunde ein normales Sozialverhalten zeigen, denn andernfalls können die Begegnungen für Ihren Welpen lebensgefährlich sein.

Unser Tip

Von vielen lokalen Hundeverbänden werden – unabhängig von der Rasse – Welpenspielstunden angeboten. Hier lernen Welpen und „Halbstarke" das friedliche Miteinander im meist sehr temperamentvollen Spiel. Erkundigen Sie sich bei örtlichen Hundeverbänden.

Das Abc der Unterordnung

Konsequenz ist oberstes Gebot!

Zur Festigung Ihrer Autorität müssen Sie bereits Ihrem Welpen in der Sozialisierungsphase feste Tabus setzen und darauf achten, daß er sie auch einhält. Legen Sie zum Beispiel einen Gegenstand auf den Boden, der sofort die Neugier Ihres Welpen erregen wird. Sobald er sich dem Gegenstand nähert, sagen Sie sehr bestimmt „nein" oder „pfui". Ihr Tonfall ist dabei ausschlaggebend. Will Ihr „Schüler" trotz Verbot dennoch mit der Untersuchung des Objektes seiner Neugier beginnen, greifen Sie von oben über das Schnäuzchen und schieben ihn etwas unsanft weg. Gleichzeitig heißt es nochmals „nein" oder „pfui". Ihr Welpe wird nach kurzem Zögern Ihre Konsequenz auf die Probe stellen und sich erneut dem interessanten Gegenstand nähern. Ist er jetzt nicht durch ein etwas drohenderes „Nein" davon abzubringen, schütteln Sie ihn nach Hundeart kurz im Nackenfell. Vermutlich läuft er zunächst schreiend davon, um alsbald zu Ihnen zu kommen. Jetzt gilt wieder der Rat, den Hund stets freundlich zu empfangen. Sprechen Sie liebevoll mit ihm, beginnen Sie ein

Spiel. Auf diese Weise festigt sich beim Welpen der Eindruck, daß das Herankommen an Sie immer ein positives Erlebnis ist. Solche Tabu-Übungen sollten Sie in der Folgezeit in jeweils anderer Form durchführen. So akzeptiert der Welpe sehr bald Ihre Verbote.

Wichtig: Notwendige Erziehungsmaßnahmen, also ein strenges Wort oder das Schütteln im Nackenfell, müssen dabei immer direkt der Tat folgen, anderenfalls kann Ihr Welpe den Zusammenhang nicht begreifen. Schlagen sollten Sie Ihren Pudel nie, er würde dadurch leicht das Vertrauen zu Ihnen verlieren.

Die wichtigsten Kommandos

Aus dem Spiel heraus kann man bereits dem Welpen die Bedeutung der wichtigsten Kommandos begreiflich machen. Rufen Sie z. B. stets begeistert „komm", wenn der Welpe ohnehin auf Sie zuläuft und „sitz", wenn er eben gerade voller Erwartung vor Ihnen diese Stellung eingenommen hat. Sprechen Sie diese Worte deutlich, aber sehr freundlich aus und binden Sie sie keineswegs in ganze Sätze ein.

Mit dem gezielten Einüben der verschiedenen Befehle können Sie in der Rangordnungsphase, also ab der 13. Lebenswoche, beginnen. Überfordern Sie ihr Pudelkind dabei nicht und machen Sie die ersten Übungen mit anschließendem fröhlichen Spiel an einem ihm vertrauten Ort mit möglichst wenig Ablenkung. Hat er ein Kommando richtig ausgeführt, loben Sie ihn überschwenglich und wiederholen es an diesem Tag nicht mehr, sondern gehen zu etwas anderem über. So bauen Sie Schritt für Schritt Ihre Erziehung auf, und Sie werden erleben, daß Ihr Pudel mit großer Begeisterung dabei ist.

Unser Tip

Manche Übungen klappen mit anschließendem Belohnungshäppchen vielleicht schneller, das Größte für Ihren Pudel wird aber immer Ihr Lob und Ihre Zuwendung sein.

Für die einzelnen Übungselemente können Sie ihm kleine Hilfen geben, wenn er die Bedeutung der Kommandos nicht bereits im Spiel erfaßt hat.

Beim Wort „Platz" ziehen Sie ihn leicht am Halsband nach unten,

„Steh" übt man am besten auf dem Tisch, wenn der Hund gebürstet wird. Will er sich setzen, hindern Sie ihn durch Untergreifen Ihrer Hand. Dieses Kommando sollte immer etwas gedehnt ausgesprochen werden. „Bleib" trainieren Sie am besten, wenn er in seinem Körbchen liegt. Gehen Sie zuerst nicht zu weit fort von ihm und wiederholen Sie – auch etwas gedehnt – diesen Befehl. Erlösen Sie ihn bei den ersten Übungen sehr schnell und verlängern Sie im Laufe der nächsten Wochen dieses Abliegen. Auch das Laufen an lockerer Leine sollte Ihr Pudel jetzt lernen.

Unser Tip

Geben Sie Ihre Kommandos als Hör- und Sichtzeichen. So gewöhnen Sie Ihrem Vierbeiner an, bei Spaziergängen stets Sichtkontakt zu Ihnen zu halten. Auch wenn Ihr Pudel im Alter schlechter hört, ist es von Vorteil, wenn er bereits gelernt hat, auf Sichtzeichen zu hören.

Lernen in der Gruppe

Haben Sie Schwierigkeiten, Ihrem Pudel die notwendige Unterordnung beizubringen oder wollen Sie seine „Ausbildung" vertiefen, bieten die verschiedenen Pudel- oder Hundesportverbände eine Reihe von Möglichkeiten dazu an.

▬ Für die sogenannte „Leistungsarbeit" in den Pudelklubs gibt es unterschiedliche Stufen, wobei der Abschluß jeweils mit einer Prüfung erfolgt (LP 1, 2 und 3). Grundlage für alle Stufen bilden Gehorsamkeitsübungen wie Freifolge, Abliegen, Apportieren mit und ohne Hürdensprung u. a. Schutzdienst und Fährten sind nicht in dem Programm enthalten.

▬ Ziele der Ausbildung zum „Verkehrssicheren Begleithund" sind ebenfalls Gehorsam und darüber hinaus korrektes Verhalten des Hundes im Straßenverkehr. Neben den wichtigsten Befehlen lernt Ihr Pudel hierbei z. B. Radfahrer zu ignorieren und sich angstfrei in Menschenansammlungen zu bewegen.

▬ Seit einigen Jahren erfreut sich „Agility" einer zunehmenden Beliebtheit. Dabei handelt es sich um einen Wettkampf, bei dem der Hund mit „seinem" Menschen einen

Hindernisparcours in möglichst kurzer Zeit zu durchlaufen hat. Hier kommt es auf Geschicklichkeit, Behendigkeit und auf gute Zusammenarbeit mit dem Hundeführer an, denn der Hund muß genau den Anweisungen seines zweibeinigen Teamkollegen folgen.

Neben den genannten Möglichkeiten gibt es noch eine Reihe weiterer Ausbildungen. Eingangs wurde bereits darauf hingewiesen, daß Pudel u. a. auch als Rettungshunde ausgebildet werden. Daß sie immer noch genügend jagdliche Passion und Veranlagung haben, beweisen Pudel mit erfolgreich abgelegter Jagdeignungsprüfung.

Für welche Sportart oder Ausbildung Sie sich auch entscheiden, wichtig ist, daß Sie sich überhaupt mit diesem intelligenten Wesen beschäftigen und Ihr Pudel etwas lernen kann. Andernfalls verkümmern seine Fähigkeiten, und er stumpft ab.

Wichtig: Das Wohlbefinden des Hundes muß bei jeder Art von Ausbildung immer im Vordergrund stehen. Übersteigerter Ehrgeiz des Besitzers ist daher fehl am Platz!

Agility ist ein Teamsport: Weißer Großpudel beim Hürdensprung und auf der Wippe

Grundlagen
der Pudelhaltung

Als Rudeltier und damit soziales Lebewesen braucht ein Hund Gemeinschaft. Gerade für den kontaktfreudigen Pudel ist es daher wider seine Natur, isoliert in einem Zwinger gehalten zu werden oder als ausschließlicher „Feierabend-Schmusehund" zu fungieren. Das ist Tierquälerei! Wer voll berufstätig ist, wer nicht genügend Zeit für die tägliche Zuwendung, für ausgiebige Spaziergänge und Streicheleinheiten aufbringen kann, sollte seinen Wunsch nach diesem liebenswerten Begleiter völlig aufgeben.

Der tägliche Auslauf

Pudel sind sehr bewegungsfreudige Hunde – das gilt für alle Größenvarianten. Ein großer Garten ist zwar toll zum Spielen, kann aber kein Ersatz für den täglichen Auslauf sein, denn Hunde suchen die Bewegung in einer Umgebung, die aufregend viele Düfte für sie bereithält. Sie lesen dabei die Visitenkarten von

geliebten und weniger geschätzten Artgenossen und hinterlassen ihre eigenen. Am glücklichsten sind Pudel, wenn sie in übersichtlichem Gelände frei, d. h. ohne Leine, laufen können.

Wichtig: Denken Sie bei Ihren gemeinsamen Ausgängen stets daran, eine Plastiktüte zum Aufnehmen des Hundekotes mitzunehmen. Sie ersparen sich damit häufig nicht nur Ärger, sondern leisten auch einen Beitrag zum Abbau der Hundefeindlichkeit.

In städtischen Parks besteht im allgemeinen Leinenzwang. Bei flottem Tempo des Hundehalters können sich Toy-, Zwerg- oder Kleinpudel dennoch gut auslaufen. Zweimal täglich eine Stunde Ausgang sind allerdings einzuplanen.
Großpudel brauchen unbedingt freien Auslauf. In Fällen, wo dies nicht möglich ist, müssen Sie dem Hund auf andere Weise die nötige Bewe-

Pudel wollen zu jeder Jahreszeit ihren Auslauf haben

gung verschaffen. Ist er ausgewachsen, d. h. mindestens 15–18 Monate alt, können Sie ihn z. B. neben dem Fahrrad laufen lassen. Aber Vorsicht, auch das muß geübt und gelernt werden. Bauen Sie diese Art von Training langsam auf, damit Ihr Pudel Kondition entwickeln kann. Das dichte Haarkleid des Pudels schützt ihn vor Kälte, so daß er beim Spaziergang keiner Bekleidung bedarf. Bei Regenwetter sollte man ihn anschließend gut abfrottieren. Problematischer wird der Ausgang bei nassem Schnee. Im wolligen Haar setzen sich dicke Schneeballen fest, die so groß und schwer werden können, daß Ihr Pudel kaum noch laufen kann. Unter Umständen müssen Sie ihn nach Hause tragen! Kommen Sie mit einem derartig vereisten Wollpaket nach Hause, hilft nur noch das Abbrausen mit warmem Wasser.

Der Hund im Auto

Welpen und Junghunde reagieren bei Fahrten mit dem Auto häufig mit Erbrechen, meist gewöhnen sie sich jedoch mit der Zeit daran. Oft hilft

Er bleibt brav sitzen, bis er das Kommando zum Aussteigen bekommt

es schon, dem Vierbeiner vor einer Fahrt kein Futter zu geben. Für die seltenen Fälle anhaltender Reisekrankheit hält Ihr Tierarzt entsprechende Medikamente bereit.
Ob mit oder ohne diese Störungen: Bei der Autofahrt gehört Ihr Pudel immer auf den hinteren Sitz, am besten sogar auf den Boden des Wagens, da es hier am ruhigsten und sichersten für ihn ist. Bei den ersten Fahrten mit Ihrem Vierbeiner sollte eine zweite Person dabei sein, um mögliche Zwischenfälle zu vermeiden. Sonst ist eine Transportbox zu empfehlen.

Wichtig: Ihr Pudel muß von Anfang an lernen, daß er nur auf Ihre Anweisung aussteigen darf. So schützen Sie ihn vor einem unkontrollierten Sprung auf eine möglicherweise belebte Straße.

Bei hochsommerlichen Temperaturen sollten Sie Ihren Pudel nicht allein im Auto lassen. Auch ein im Schatten abgestellter Wagen mit geöffneten Fenstern kann sich sehr stark aufheizen, und schon mancher Pudel erlebte aufgrund der Unvernunft oder Unwissenheit seiner Besitzer einen tödlichen Hitzschlag.

Die Pflege

Fellpflege

Ein ungenügend gepflegter oder gar verwahrloster Pudel ist eine schlechte Visitenkarte für seinen Besitzer. Wer sich für eine solche gelockte Schönheit entschieden hat, hat eine pflegeintensive Rasse gewählt. Doch hat das krause Pudelfell den Vorteil, daß die abgestorbenen Haare beim Bürsten entfernt werden und der Pudel keine Haare im Haus oder in der Wohnung verliert.

Wichtig: Schon der Welpe muß an das Kämmen und Bürsten gewöhnt werden, denn das jugendliche Haar neigt vermehrt zum Verfilzen. Bis zum Erwachsenenalter ist tägliche Haarpflege unbedingt notwendig.

Beim ausgewachsenen Pudel reicht es, ihn einmal pro Woche gründlich zu bürsten und zu kämmen. Den Bereichen unter den Achselhöhlen müssen Sie dabei besondere Aufmerksamkeit widmen, denn dort verklebt das Haar sehr schnell.

Nach dem Baden muß der Pudel unter ständigem Bürsten trockengefönt werden. Erst dann kann der exakte Schnitt erfolgen

Ihr Pudel sollte beim Kämmen am besten auf der Seite liegen, so daß Sie von unten beginnend Strich für Strich von der Haut bis zu den Haarspitzen exakt bürsten können. Danach gehen Sie alle Partien mit einem grobzinkigen Kamm durch. Mit 12–14 Wochen sollten Sie Ihren Welpen zum ersten Mal in einem Hundesalon baden und scheren lassen. Die Art der Frisur muß natürlich Ihrem Geschmack entsprechen, doch sollten Sie auch eine eventuelle Empfehlung des Fachmannes (oder der Fachfrau) überdenken. Eine erneute Schur ist etwa alle 6 Wochen notwendig. Grundsätzlich wird der Hund vor dem Scheren gebadet. Wollen Sie das Baden selbst übernehmen, lassen Sie sich im Hundesalon beraten, dort zeigt man Ihnen, wie man es richtig macht.

Wichtig: Vor dem Baden müssen Sie Ihren Pudel ganz exakt bürsten und kämmen, sonst bleibt das Shampoo in den verknoteten Haaren hängen.

Im Anschluß an das Bad muß Ihr Pudel unter ständigem Bürsten trockengefönt werden. Lassen Sie ihn bei winterlicher Kälte anschließend nicht gleich ins Freie, der Temperaturwechsel wäre zu stark.

Allgemeine Körperpflege

Bei der täglichen Fellpflege kontrolliert man den Pudel gleichzeitig auf mögliches Ungeziefer wie Zecken und Flöhe (siehe auch S. 73–74). Zwischen den Zehenballen setzen sich leicht einmal Fremdkörper fest, z. B. Kaugummi. Das bereitet dem Hund Schmerzen und kann zu Entzündungen führen. Auch die **Krallen** bedürfen der regelmäßigen Kontrolle. Wenn sie zu lang geworden sind, sollten Sie von einem Fachmann gekürzt werden. Versuchen Sie sich bitte nicht selbst daran, da Sie Ihren Hund leicht verletzen können!

Der **Gebißpflege** sollten Sie besondere Aufmerksamkeit schenken, denn Pudel neigen zu vermehrtem Zahnsteinansatz. Er muß entfernt werden, um frühzeitigem Zahnausfall vorzubeugen. Außerdem riecht ein Hund mit extremem Zahnsteinbefall auch sehr unangenehm aus dem Fang. Vorbeugend können Sie mit Zahnbürste und Kinderzahncreme einmal wöchentlich das Gebiß reinigen. Beginnen Sie damit, sobald die Milchzähne durch das endgültige Gebiß ersetzt worden sind, das ist ungefähr mit 5–6 Monaten der Fall. Auch das Knabbern an Büffelhautknochen verhindert einen zu raschen Zahnsteinansatz. Bei starkem Befall reinigt der Tierarzt das Gebiß mit Ultraschall.

Die **Ohren** können bei mangelhafter Pflege ebenfalls Probleme machen. Sind die Gehörgänge Ihres Pudels stark behaart, können Schmutzteilchen mit dem Ohrsekret zu dicken Klumpen verkleben und zu Entzündungen führen. Zupfen Sie deshalb die Haare aus dem Gehörgang, und säubern Sie die Ohrmuschel. Versuchen Sie keinesfalls, den Gehörgang mit Wattestäbchen zu reinigen. Sie schieben damit den Schmutz nur weiter in die Tiefe. Zur Vorbeugung erhalten Sie beim Tierarzt einen sehr wirksamen Reinigungsschaum.

Die **Augen** Ihres Pudels sollten klar sein. Wenn sie ständig tränen, stellen Sie Ihren Hund dem Tierarzt vor. Möglicherweise reiben nach innen wachsende Wimpern auf der Hornhaut, oder die Tränenkanäle sind verstopft. Versuchen Sie keine Eigenbehandlung, und verwenden Sie keine Medikamente aus Ihrer Hausapotheke. Ebenso ungeeignet sind Borwasser und Kamille, sie führen zu verstärkter Bindehautreizung.

Zur täglichen Pflege gehört auch die Kontrolle der **Afterregion.** Eingetrocknete Kotreste können mit den Haaren verkleben und die Entleerung behindern.

Grundlagen
der Ernährung

Grau ist alle Theorie – aber nützlich!

Durch die Haustierwerdung sind Hunde auch hinsichtlich ihrer Ernährung weitgehend vom Menschen abhängig geworden. Falsche Fütterung kann zu Wachstumsstörungen führen, die Anfälligkeit gegen Krankheiten begünstigen oder verminderte Leistungsfähigkeit verursachen. Jeder Hundebesitzer sollte sich daher Grundkenntnisse über die richtige Ernährung seines Vierbeiners aneignen, denn die meisten Fütterungsfehler werden aus Unwissenheit begangen. Die optimale Ernährung für den Hund muß drei Bedingungen erfüllen:

▓▓▓ Der Energiebedarf des Hundes muß abgedeckt werden,

▓▓▓ das Futter muß die einzelnen Nährstoffe in ausreichender Menge und im richtigen Verhältnis zueinander enthalten,

▓▓▓ das Futter muß eine hohe Verdaulichkeit haben.

Der Energiebedarf

Er ist beim Pudel abhängig von seiner Größe und wird in Kilojoule (KJ) pro kg Körpergewicht (Körpermasse = KM) berechnet. Dabei haben die kleineren Varietäten einen relativ höheren Energiebedarf als die größeren.

Welpen und Junghunde brauchen eine höhere Energiezufuhr als die erwachsenen Tiere, wobei der Bedarf im Alter von 2 Monaten am höchsten ist und danach kontinuierlich absinkt. So benötigt der Welpe bzw. Junghund im Alter von:

◆ 2,5–3,5 Monaten
   838 KJ/kg KM
◆ 3,5–5,0 Monaten
   587 KJ/kg KM
◆ 5,0–7,5 Monaten
   544 KJ/kg KM

Wichtig: Nur durch regelmäßiges Wiegen können Sie das aktuelle Gewicht Ihres Pudels kennen und entsprechend seinen Energiebedarf berechnen.

Täglicher Energiebedarf des erwachsenen Pudels	
Körpergewicht* (kg)	Energiebedarf (KJ/kg KM)
3	440
5	380
8	339
25	247

*Die angegebenen Gewichte sind Circa-Angaben und stehen für die verschiedenen Größenvarietäten Toy-, Zwerg-, Klein- und Großpudel

Unser Tip

Die kleinen Varietäten lassen sich gut auf einer Küchenwaage wiegen. Einen Großpudel nehmen Sie auf den Arm, stellen sich mit ihm und anschließend ohne ihn auf eine Personenwaage und können auf diese Weise leicht sein Gewicht errechnen.

In der Zeit des Wachstums die Energiezufuhr zu hoch anzusetzen ist nicht unbedenklich, denn Welpen wachsen dann schneller, und dies kann bei Großpudeln zu irreparablen Skelettschäden führen.
Die Haltungsbedingungen spielen für den Energiebedarf eine nicht unerhebliche Rolle. Sehr viel Aus-lauf und jede Art von Leistungsforderung (z. B. Agility) bedingen einen deutlich erhöhten Energieverbrauch, der mit der Fütterung ausgeglichen werden muß.

Die Zusammensetzung des Futters

Die Nahrung besteht zum größten Teil aus den Grundnährstoffen Eiweiß (Proteine), Kohlenhydrate und Fette. Lebensnotwendig sind außerdem Vitamine, Mineralstoffe, Spurenelemente und Wasser.
▬ Für den Welpen und heranwachsenden Pudel sollte das Futter aus 2/3 Eiweißträgern und knapp 1/3 Kohlenhydratträgern bestehen. Der Fettanteil sollte 5–8 % betragen.
▬ Für den erwachsenen Pudel ist das Futter ausgewogen, wenn es

aus mindestens $\frac{1}{3}$ Eiweiß-, knapp $\frac{2}{3}$ Kohlenhydratträgern und einem Fettanteil von 5–8 % besteht.

Eiweiß

Eiweiß ist zum Aufbau und zur Erhaltung der Körpersubstanzen wie Knochen, Muskeln, Haut, Haare, Nervengewebe und innere Organe notwendig – und dabei durch nichts zu ersetzen.

Wichtig: Noch im Wachstum befindliche Hunde müssen diese Substanzen erst aufbauen, deshalb ist ihr Eiweißbedarf auch etwa doppelt so hoch wie der des erwachsenen Hundes.

Haupteiweißträger sind Fleisch, Fisch, Hühnerei, Milch und Milchprodukte wie Käse, Quark und Joghurt. Pflanzliches Eiweiß ist in Getreide und in größeren Mengen auch in Sojabohnen enthalten.
Da Fleisch und Fisch gefährliche Parasiten oder Bakterien enthalten können, sollte beides immer gekocht gefüttert werden. Rohes Hühnerei enthält eine Substanz, die das lebensnotwendige Vitamin Biotin bindet – und damit für den Hund nicht verfügbar macht –, verfüttern Sie Eier deshalb ebenfalls nur gekocht

oder gebraten. Auf Milch reagieren manche Hunde mit Durchfall, weil sie den darin enthaltenen Milchzucker nicht vertragen. Milchprodukte, in denen der Milchzucker bereits abgebaut wurde, wie z. B. Quark oder Joghurt, werden dagegen in der Regel gut vertragen.

Kohlenhydrate

Kohlenhydrate dienen als schnelle Energiespender für alle Lebensvorgänge. Sie werden dem Hund in Form von Getreideflocken, Reis, Nudeln, Hundekuchen, Zwieback, Brot, Obst und Gemüse zugeführt. Reiner Traubenzucker wird bis zu etwa 20 % der Gesamtfuttermenge vertragen, doch sollte man diese Art der Energiezufuhr nur bei stark erhöhtem Leistungsbedarf oder Krankheit wählen.
Bei übermäßiger Fütterung von Kohlenhydraten werden diese in Speicherfett umgewandelt, und so bekommen wir den zu dicken Hund!

Wichtig: Gewöhnen Sie Ihren Pudel auf gar keinen Fall an Schokolade oder andere Süßigkeiten. Als Belohnungshäppchen gibt es im Handel Milch- und Schokodrops für Hunde, die entsprechend mit Eiweiß und Mineralstoffen angereichert sind.

Fette

Fette sind als Energiespender und zur Verwertung der fettlöslichen Vitamine notwendig. Fettquellen in der Hundenahrung sind Fleisch, Fisch und pflanzliche Öle. Da der Energiewert von Fett sehr hoch ist, sollte es in der Hundeernährung nur sparsam eingesetzt werden.

Vitamine

Vitamine sind für den Stoffwechsel des Hundes lebensnotwendig. Sie fördern das Wachstum und die Widerstandsfähigkeit gegen Infektionskrankheiten.
Nach ihrer Löslichkeit unterscheidet man fett- und wasserlösliche Vitamine. Fettlösliche sind hitzestabil, sie werden also beim Kochen nicht zerstört, während die wasserlöslichen beim Erhitzen unwirksam werden.

Mineralstoffe und Spurenelemente

Dazu gehören u. a. Kalzium, Natrium, Kalium, Magnesium, Phosphor, Eisen, Jod und Fluor. Sie werden vom Körper nur in sehr geringen Mengen benötigt und sind in allen genannten Futtermitteln enthalten. Einen besonders hohen Mineralstoffgehalt haben die Eiweißträger.

Solange Ihr Pudel noch wächst, benötigt er mehr Vitamine, Mineralstoffe und Spurenelemente als im Erwachsenenalter. Die Gabe zusätzlicher Präparate kann notwendig sein. In jedem Fall muß aber der Tierarzt entscheiden, ob Ihr Vierbeiner solche Produkte bekommen muß. Hierbei sind nicht nur die absolut verabreichten Mengen entscheidend, sondern auch das Verhältnis der Mineralstoffe zueinander. Besonders wichtig ist dabei das richtige Verhältnis Kalzium/Phosphor.

Wichtig: Verfüttern Sie in keinem Fall Lebertran nach eigenem Gutdünken. Sie können damit schwere Skelettschäden verursachen.

Wasser

Wasser ist für den Stoffwechsel eines jeden Lebewesens unentbehrlich. Die Wasseraufnahme erfolgt über das Futter (Dosen- oder Feuchtfutter enthält etwa 70 % Wasser) und das Trinkwasser. Der Wasserbedarf ist abhängig vom Alter des Hundes, von Umweltfaktoren wie Wärme und Luftfeuchtigkeit, Leistungsanforderungen u. a.
Damit Ihr Hund ausreichend trinken kann, sollte für ihn stets eine Schüssel mit frischem Wasser bereitstehen.

Die wichtigsten Vitamine

	Vorkommen	Symptome bei: Vitaminmangel	Überversorgung
Wasserlösliche Vitamine			
Vitamin B-Gruppe	in Fleisch, Leber, Hefe (ein Teil der Vitamine der B-Gruppe wird allerdings auch durch die Darmbakterien gebildet)	Haarausfall, verminderte Magensaftsekretion, Appetitmangel, Herzerweiterung/-Insuffizenz, Störungen bei der Blutbildung und Nervenleitung	Eine Überversorgung mit wasserlöslichen Vitaminen kommt nicht vor, da ein Überschuß über die Nieren ausgeschieden wird
Vitamin C	Der Hund ist fähig, Vitamin C selbst aufzubauen		siehe oben
Fettlösliche Vitamine			
Vitamin A	in Fleisch, Eigelb, Leber (in Blattgemüse, Möhren, Paprika ist reichlich Betacarotin enthalten, aus dem der Hund Vitamin A bilden kann)	Hautveränderungen, Schleimhautentzündungen, Augenerkrankungen	Überempfindlichkeit der Haut, Schwäche in den Gliedmaßen
Vitamin D	in Milch, Käse, tierischen Fetten	beim jungen Hund Störungen im Knochenaufbau (Rachitis)	Gefäßverkalkung, Durchfall, Gewichtsverlust
Vitamin E	Haferflocken, Margarine, Pflanzenöle	Fruchtbarkeitsstörungen, Muskelschwäche	keine bekannt

Die Futterverdaulichkeit

Eine gute Futterverdaulichkeit soll gewährleisten, daß das, was unser Pudel in seine Futterschüssel bekommt, möglichst optimal von seinem Organismus ausgenutzt werden

■ *Ein richtig ernährter Pudel ist fit und voller Lebensfreude*

kann und nicht unverdaut mit dem Kot ausgeschieden wird. Dazu bedürfen einige Futteranteile des „Aufschließens": Getreideflocken, Reis oder Nudeln müssen gekocht werden, um sie für den Hund verdaulich zu machen. Der Handel bietet jedoch bereits industriell aufgeschlossene Futterflocken an.
Fleisch- und Fischeiweiß sind in gekochtem Zustand zwar etwas weniger verdaulich als im Rohzustand, doch wurde bereits darauf hingewiesen, daß das Kochen aus hygienischen Gründen notwendig ist. Zur Vermeidung von Kalorien- und Mineralstoffverlusten sollte das Kochwasser jedoch unbedingt in die Futtergabe einbezogen werden.
Hühnereiweiß hat im Rohzustand eine Verdaulichkeit von 50 %, gekocht bis zu 90 %.
Obst und Gemüse – außer Kohl und Hülsenfrüchten – werden roh, fein geraspelt oder geschnitten verfüttert. Die Rohfasern sind zur Anregung der Darmtätigkeit nützlich, und außerdem bleiben die wasserlöslichen Vitamine auf diese Weise erhalten.
Die Verdaulichkeit des Futters wird auch durch seine Temperatur beeinflußt. Am besten verwertbar ist es für Ihren Vierbeiner, wenn es Kör-

pertemperatur hat. Das Futter sollte keinesfalls direkt aus dem Kühlschrank gegeben werden.

Wichtig: Füttern Sie Ihren Pudel immer zur gleichen Zeit, seine Verdauungssäfte stellen sich darauf ein.

Auch die Größe der Futterration beeinflußt die Verdaulichkeit. Je nach Alter Ihres Pudels sollten Sie seine tägliche Futtermenge daher in mehrere Mahlzeiten aufteilen (siehe Tabelle unten).

Großpudel sollten ihre tägliche Futtermenge allerdings auch ab einem Alter von 12 Monaten weiterhin in 2 Rationen erhalten, um der Gefahr einer Magenumdrehung (siehe auch S. 80) vorzubeugen.

Grundsätzlich sollten Sie Ihren Pudel während des Futterns nicht stören, ihm aber die Reste seiner Mahlzeit nach 20 Minuten wegnehmen – anderenfalls erziehen Sie sich einen schlechten Esser. Außerdem verderben Futterreste – besonders im Sommer – recht schnell.

Geben Sie Ihrem Pudel genügend Zeit zum Verdauen. Außer dem schon beschriebenen kurzen Ausflug zum dringenden „Geschäft" sollten Sie jetzt weder mit ihm spazierengehen noch spielen, das Futter wird sonst leicht erbrochen. Beim Großpudel erhöht sich außerdem die Gefahr der Magendrehung.

So füttern Sie Ihren Pudel richtig:	
Im Alter von 2 Monaten	4–5 Mahlzeiten
von 3 Monaten	3–4 Mahlzeiten
von 5 Monaten	2–3 Mahlzeiten
von 7 Monaten	2 Mahlzeiten
ab 12 Monaten	1 Mahlzeit täglich

Industriell hergestelltes Hundefutter

Die Verwendung von Fertigfutter ist einfacher und kostengünstiger, als wenn Sie Ihren Liebling selbst bekochen. Insbesondere auf Reisen ist eine solche Kost recht praktisch. Fertignahrung wird in verschiedenen Geschmacksrichtungen angeboten, und die Palette an Fertigfuttermitteln ist mittlerweile schier unüberschaubar geworden. Neben Trockenfutter gibt es Halbfeuchtnahrung und Feuchtfutter, letzteres meist in Dosen. Während Feuchtfutter schnell verdirbt, kann Trockenfutter lange gelagert werden.

Wichtig: Wenn Sie Trockenfutter verwenden, braucht Ihr Pudel eine vermehrte Menge Trinkwasser.

Die Futtermittelhersteller haben sich die wissenschaftlichen Forschungsergebnisse zu eigen gemacht, so daß Sie im allgemeinen davon ausgehen können, daß Nährstoff- und Energiegehalt beim Fertigfutter für den Hund optimiert sind. Die Nährstoffgehalte sind jeweils auf den Produkten angegeben. Über den Energiegehalt machen die Hersteller leider keine Angaben, d. h., die Kilojoule-Zahlen fehlen. Handelt es sich bei einem Futtermittel laut Packungsangabe um ein Alleinfuttermittel für Hunde, so soll es bei ausschließlicher Verwendung den Nährstoffbedarf Ihres Vierbeiners decken. Zusätzliche Gaben von Flocken oder Gemüse sind nur sinnvoll und notwendig, wenn Sie Ihren Hund mit einem sogenannten Ergänzungsfutter füttern.

Wie bereits erwähnt, benötigen Hunde je nach Alter und Leistungsanforderungen unterschiedliche Nährstoffgehalte in ihrer Nahrung.

Binden Sie Ihrem Pudel die Haare der Ohren zusammen, dann hängen sie ihm beim Futtern nicht in den Napf

Fast alle Hersteller bieten daher mittlerweile Produkte speziell für Welpen, Junghunde, erwachsene oder alte Hunde und trächtige Hündinnen an. Befindet sich Ihr Pudel noch im Wachstum, sollten Sie darauf achten, daß der Eiweißanteil des Futters mindestens 11–20 % beträgt. Grundsätzlich sollten Sie nicht zu häufig die Fertignahrung wechseln, da Ihr Pudel mit Durchfall auf die Umstellung reagieren könnte.

Unser Tip

Wollen Sie unbedingt Abwechslung in den Speiseplan Ihres Vierbeiners bringen, können Sie etwas Fleischsuppe, ein paar Krümel gebratenes Hackfleisch oder einen Löffel Rührei in das Fertigfutter geben.

Das selbstzubereitete Hundemenü

Nach all der einführenden Theorie über den Energie- und Nährstoffbedarf Ihres Pudels, wissen Sie nun, daß es nicht ganz leicht ist, die Futterzubereitung selbst in die Hand zu nehmen. Besonders solange Ihr Pudel noch wächst, müssen Sie fleißig rechnen, um die erforderlichen Nährstoff- und Energiegehalte zu ermitteln. Die Nährstoffzusammensetzungen und Energiegehalte der häufigsten Nahrungsmittel finden Sie in der Tabelle auf Seite 70. Innereien außer Herz und Rinderpansen sind nicht empfehlenswert. Leber wird nur in sehr kleinen Mengen gut vertragen, Lunge hat praktisch keinen Nährwert. Auch Knochen sind nicht zu empfehlen, da sie zu Verstopfung führen können. Geflügelknochen sind absolut tabu, weil sie splittern.

Unser Tip

Kochen Sie gleich eine größere Futtermenge und frieren Sie diese portioniert ein.

Vom Tisch sollte Ihr Hund grundsätzlich nichts bekommen. Gewöhnen Sie ihn deshalb gleich zu Anfang daran, daß er während Ihrer Mahlzeiten auf seinem Platz bleibt. So kommt er gar nicht erst zum Betteln. Kleine Knorpelteile oder Suppenfleisch von Ihrer Mahlzeit dürfen später aber durchaus in seiner Futterschüssel landen.

Nährstoff- und Energiegehalte in Futtermitteln

Futtermittel pro 100 g *	Eiweiß in %	Fett in %	Kohlen-hydrate in %	Energiegehalt in Kilojoule (KJ)
Rindfleisch mager	20,5	1,8	—	423
Rindfleisch fett	19,9	7,7	0,6	641
Schweinefleisch mager	19,9	6,8	—	608
Huhn mager	19,7	1,4	—	394
Pferdefleisch mager	23,3	0,5	—	419
Kaninchenfleisch	21,5	9,8	—	750
Kabeljau	16,7	0,2	—	293
Schellfisch	17,1	0,3	—	305
Hühnerei	14,1	10,9	0,7	678
Kuhmilch	3,4	3,6	4,8	280
Käse fett	27,2	30,4	2,5	1694
Käse mager	32,6	8,4	6,8	1005
Vollmilchquark	24,8	7,3	3,5	771
Haferflocken	12,5	6,7	67,8	1642
Reis	7,4	0,6	77,7	1483
Roggenbrot	9,5	1,7	69,5	1425
Weizenbrot	8,4	0,9	49,0	1022
Butter	0,9	83,1	0,5	3268
Mohrrüben	1,0	0,2	9,4	184

* = Rohgewicht

„Ein dicker Hund"

Ist Ihr Pudel fett statt fit, schaden Sie seiner Gesundheit, und ein schöner Anblick ist er auch nicht mehr. Fettsüchtigkeit ist immer durch ein Mißverhältnis von Energieverbrauch und Nahrungszufuhr bedingt. Wenn Ihnen die Gesundheit Ihres Pudels am Herzen liegt, müssen Sie daher versuchen, ihn schnell wieder in „Form" zu bringen. Erhöhen Sie seinen Energieverbrauch, in dem Sie ihm (und damit auch sich selbst) mehr Bewegung abverlangen, und verkleinern Sie gleichzeitig seine Futterration. Die Industrie bietet für übergewichtige Hunde ein spezielles Diätfutter an. Achten Sie auf die vom Hersteller angegebene Nahrungszusammensetzung.

Unser Tip

Wiegen Sie auch Ihren ausgewachsenen Pudel regelmäßig, so erkennen Sie frühzeitig eine unerwünschte Gewichtszunahme.

Jede Häppchenfütterei ist jetzt absolut tabu, denn meist ist sie die Ursache der Leibesfülle.
Häufig genug sieht man überfütterte Pudel neben übergewichtigen und meist uneinsichtigen Besitzern. Solange der Mensch seine eigene Gesundheit durch überflüssige Pfunde strapaziert, ist es wohl auch seine Sache. Daß er aber seinem von ihm abhängigen Geschöpf mit falscher Ernährung schadet – womöglich sein Leben verkürzt –, ist das fair?

Pudel sind begeisterte Schwimmer: Ein solches Konditionstraining ist der beste Schutz gegen Übergewicht

Die Gesundheit

Der gesunde Pudel ist lebhaft, aktiv, sein Haarkleid elastisch und glänzend. Haut und Schleimhäute sind gut durchblutet, der Nasenspiegel ist feucht, die Augen sind klar.
Die normale Körpertemperatur – am ruhenden Hund im After gemessen – beträgt 37,7 bis 38,8 °C. Temperaturen über 39 °C sind als Fieber anzusehen, das Absinken der Körpertemperatur unter 37 °C ist ein deutliches Alarmzeichen.
Die Pulsfrequenz beträgt in Ruhe 80–120/Minute, sie wird an der Schenkelarterie in der Leistengegend gezählt.
Normalerweise atmet Ihr Pudel 10–30 Mal pro Minute, das gilt natürlich nicht, wenn er hechelt.

Unser Tip

Stellen Sie bei Ihrem erwachsenen Pudel seine „Normalwerte" fest und notieren Sie diese. Im Krankheitsfall können diese Daten möglicherweise für den Tierarzt wichtig sein.

Im engen Zusammenleben mit Ihrem Hund entwickeln Sie mit der Zeit ein sehr feines Gespür für Veränderungen an ihm, die eine Unpäßlichkeit oder Krankheit anzeigen könnten. Ohne überängstlich zu sein, sollten Sie bei jedem Verdacht auf eine Erkrankung Ihres Vierbeiners einen Tierarzt Ihres Vertrauens aufsuchen.

Parasiten – mehr als Plagegeister

Parasiten oder Schmarotzer sind für Ihren Pudel nicht nur sehr lästig, sondern sie können auch zu Krankheiten führen.
Auf der Haut lebende Parasiten werden als Ektoparasiten bezeichnet. Zu ihnen zählen Flöhe, Zecken, Milben und Läuse. Würmer leben als Endoparasiten im Körperinneren.

Flöhe

Im dichten Haarkleid Ihres Vierbeiners haben Sie in der Regel keine Chance, diese Plagegeister direkt aufzuspüren. Einen Flohbefall können Sie aber trotzdem relativ einfach feststellen. Stoßen Sie bei der Fellpflege auf kleine schwarze Krümel – besonders am Bauch, auf dem Kopf und in der Gegend des Rutenansatzes –, so handelt es sich dabei höchstwahrscheinlich um Flohkot. Gegen die Flöhe sollten Sie umgehend etwas unternehmen, denn je stärker der Befall wird, um so langwieriger und mühevoller wird der Kampf gegen die Blutsauger. Neben speziellen Flohshampoos kann Ihnen auch Ihr Tierarzt wirkungsvolle Mittel geben. Außer der konsequenten Behandlung des Hundes, ist es notwendig, seine sämtlichen Decken, Unterlagen, Körbchen und Teppiche ebenfalls regelmäßig gründlich zu säubern bzw. abzusaugen. Denn dort legen die Flöhe ihre Eier ab, Ihren Vierbeiner suchen sie nur zum Blutsaugen auf.

Da die Flöhe ihre Eier bevorzugt auf dem Schlafplatz des Hundes ablegen, muß auch das Körbchen zur Flohbekämpfung gründlich gereinigt werden

Wichtig: Flöhe sind Zwischenwirte einer Bandwurmart, die Ihren Pudel befallen kann.

Zecken

Zecken oder Holzböcke leben auf Gräsern und Sträuchern und lassen sich auf vorüberstreifende Warmblüter fallen. Sie bohren sich in deren Haut und saugen sich voll, wobei der vorher winzige Körper auf Erbsengröße anschwellen kann. Zunehmend sind Zecken nicht nur lästige Parasiten, sondern auch Überträger gefährlicher Erkrankungen wie Borreliose, Babesiose, Zeckenparalyse u. a.
Sie sollten Ihren Hund daher nach jedem Spaziergang aufmerksam absuchen. Hat sich eine Zecke festgesetzt, drehen Sie sie entweder mit den Fingern oder einer speziellen Zeckenzange (siehe Abb. unten) heraus. Der Kopf muß dabei unbedingt mit entfernt werden, andernfalls droht eine Entzündung des jeweiligen Hautbezirks.

Herbstgrasmilben und Läuse

Herbstgrasmilben befallen Ihren Pudel überwiegend im Sommer und führen auf der Haut zu starkem Juckreiz. In die Gehörgänge gelangt, können diese Parasiten langwierige Ohrenentzündungen verursachen. Die Behandlung ist Aufgabe des Tierarztes.
Läuse kommen bei einem gepflegten Pudel praktisch nicht vor, eine eventuell doch notwendige Bekämpfung erfolgt mit speziellen Insektizidbädern.

Spulwürmer

Spulwürmer sind für Welpen und Junghunde problematisch. Diese Schmarotzer sind 5–10 cm lang, grau-weiß oder gelblich und drehrund von der Stärke einer Fadennudel. Die Infektion erfolgt bereits durch das Muttertier, obwohl der Züchter bei allen seinen Tieren regelmäßig Wurmkuren durchführt. Für eine erfolgreiche Entwurmung müssen Sie die Behandlung wiederholen, wenn der Welpe zu Ihnen kommt. Wann genau dafür der geeignete Termin ist, weiß der Tierarzt. Er bestimmt auch Dosierung und Art des Wurmmittels.
Sie sollten den Kot des Welpen auf abgehende Würmer hin kontrollie-

ren. Starker Spulwurmbefall schädigt die Darmwand und kann im ungünstigen Fall zum Darmverschluß führen. Der erwachsene Pudel kann zwar auch noch Träger von Spulwürmern sein, er bleibt aber meist beschwerdefrei.

Unser Tip

Führen Sie regelmäßig vor der jährlich notwendigen Impfung bei Ihrem Pudel eine Spulwurmkur durch.

Bandwürmer

Bandwürmer sind nicht ganz leicht nachzuweisen und werden nie von Hund zu Hund übertragen. Sie bedürfen eines Zwischenwirtes. Je nach Bandwurmart kommen hierfür Rinder, Schafe, Schweine oder Flöhe in Frage. Beim Verzehr von infiziertem rohen Fleisch (oder beim Zerbeißen eines infizierten Flohs), kann sich Ihr Pudel mit einem Bandwurm infizieren. Magert Ihr Hund bei gleicher Kost ab, sollten Sie Verdacht schöpfen. Kontrollieren Sie den Kot auf abgestoßene Bandwurmglieder. Sie sind viereckig und bewegen sich, werden aber nicht bei jeder Kotentleerung beobachtet.

Bandwurmkuren müssen nach tierärztlicher Anweisung vorgenommen werden.

Die Impfungen

Um Ihren Pudel vor den häufigsten Infektionskrankheiten zu schützen, sind regelmäßige Impfungen notwendig. Kommt es trotz Impfung zu einer Infektion („Impfdurchbruch"), ist die Erkrankung bei rechtzeitiger tierärztlicher Behandlung leichter beherrschbar.

Die Grundimmunisierung gegen Staupe, Hepatitis, Leptospirose und Parvovirose (4fach-Impfung) erfolgt bei den Welpen in der 8. Lebenswoche, also normalerweise noch beim Züchter. Sie sollten daher beim Kauf eines Welpen darauf achten, daß diese Impfungen im Impfpaß vermerkt sind. Voll geschützt ist der Welpe aber erst, nachdem die Immunisierung in der 12. Lebenswoche wiederholt wurde. In der Regel erfolgt zu diesem Termin dann auch die Erstimpfung gegen Tollwut.

Wichtig: Alle Impfungen müssen jährlich wiederholt werden, um einen ausreichenden Impfschutz zu gewährleisten.

Der Gesundheitscheck ist Vorbedingung für die Impfung

Krankheiten

Die immer tödlich verlaufende **Aujeszkysche Krankheit** ist ebenfalls eine Virusinfektion, gegen die es allerdings keine Impfung gibt. Die Krankheit wird nur durch das Verfüttern von rohem Fleisch übertragen. Sie können Ihren Vierbeiner also davor schützen, indem Sie nur gekochtes Fleisch verfüttern.
Zu den unspezifischen Infektionskrankheiten zählt die **Mandelentzündung,** die insbesondere in der kalten Jahreszeit recht häufig beim Pudel auftritt. Sie äußert sich in Schluck- und Atembeschwerden verbunden mit Fieber. Die Behandlung sollte immer durch den Tierarzt erfolgen, da sich im Anschluß an diese Infektion Herz- oder Nierenerkrankungen entwickeln können.

Unser Tip

Lassen Sie Ihren Pudel keinen Schnee schlucken, der Kältereiz ist oft ursächlich an einer Mandelentzündung beteiligt.

Durchfall, ohne daß eine Ernährungsumstellung vorherging, sollte Sie zu erhöhter Aufmerksamkeit veranlassen. Messen Sie auf jeden Fall die Körpertemperatur und stellen Sie bei Fieber oder mehrere Tage anhaltendem Durchfall Ihren Pudel dem Tierarzt vor.

Erkrankungen im **Bauch- oder Nierenbereich** äußern sich häufig in einer Schwäche oder gar Lahmheit der Hinterhand. Diese Symptomatik bedarf immer der Abklärung durch den Tierarzt.

Schließlich kann eine Hündin an einer **Gebärmutterentzündung** erkranken, die mit eitrigem Ausfluß und Fieber einher geht. Die Erkrankung erfordert tierärztliche Hilfe, die meist in der operativen Entfernung der Gebärmutter besteht.

Die **Entzündung der Analdrüsen** – diese sondern die individuellen Duftstoffe eines jeden Hundes ab – ist eine verhältnismäßig seltene Erkrankung des Pudels. Der Besitzer wird durch das sogenannte „Schlittenfahren" darauf aufmerksam. Hierbei rutscht der Pudel mit seinem Hinterteil auf einer festen Unterlage und versucht damit, sich durch das Entleeren seiner Analdrüsen Erleichterung zu verschaffen. Vorbeugend kann man (z. B. in der Hundepflege)

die Analdrüsen durch Ausdrücken entleeren lassen. Ist erst eine Entzündung entstanden, wird man ohne tierärztliche Hilfe schwerlich auskommen.

Mögliche Erbleiden des Pudels

In allen Hunderassen treten verschiedene Erbleiden auf. Auch die oft als so gesund gepriesenen Mischlinge sind als „Kinder der Liebe" Abkömmlinge von Rassehunden, tragen deren Erbgut und damit auch Defekte in gleicher Weise.

Rassehundeverbände, die dem Reglement der FCI unterstehen, stellen strenge gesundheitliche Forderungen an die zur Zucht verwendeten Tiere. Die Tücke vieler Erbleiden besteht jedoch darin, daß sie „verdeckt" (= rezessiv) weitergegeben werden. Der betreffende Hund hat dabei selbst keine Krankheitsanzeichen. Werden zwei solcher (verdeckter) Erbträger miteinander verpaart, dann kann bei ihren Nachkommen eine Erbkrankheit zum Ausbruch kommen. Welche Erbkrankheiten bei Pudeln vorkommen können, zeigt die nachfolgende Tabelle.

Mögliche Erbkrankheiten des Pudels	
Erbkrankheit	**kann auftreten bei**
Fortschreitende Netzhaut-degeneration (PRA)	Toy-, Zwerg- und Kleinpudel
Hüftgelenksdysplasie (HD)	Großpudel, selten Klein- und Zwergpudel
Patella-Luxation	Toy-, Zwerg- und Kleinpudel
Perthes'sche Erkrankung	Toy- und Zwergpudel
Epilepsie	alle Größenvarietäten
Magenumdrehung	Großpudel

Die fortschreitende **Netzhautdege-neration**, kurz PRA genannt, tritt zwischen dem 2.–6. Lebensjahr in Erscheinung. Trotz regelmäßiger Untersuchungen der Zuchthunde ist dieses Erbleiden, das zur unaufhalt-samen Erblindung des befallenen Hundes führt, bislang nicht auszu-rotten. Die Diagnose kann nur der geschulte Tierarzt durch Untersu-chung des Augenhintergrundes stel-len. Beim Großpudel ist PRA bisher nicht aufgetreten.

Hingegen betrifft die **Hüftgelenks-dysplasie,** auch als HD bekannt, überwiegend die große Rassenvarie-tät. Hierbei treten Veränderungen an Hüftgelenkspfanne und Oberschen-kelkopf auf, die später zur Beein-trächtigung beim Laufen führen kön-nen. Schwere Formen sind bei Pu-deln allerdings extrem selten. Die Diagnose wird durch eine Röntgen-aufnahme gestellt.

Die **Kniescheibenverrenkung** (= Patella-Luxation) ist eine Fehlan-lage, die fast ausschließlich bei Kleinhunderassen vorkommt und somit Toy-, Zwerg- oder auch Klein-pudel betreffen kann. Durch anato-mische Veränderungen an den das Kniegelenk bildenden Knochen so-

Um der gefährlichen Magenumdrehung vorzubeugen, ist ein Spiel unmittelbar nach dem Füttern ein absolutes Tabu

wie durch Muskel- und Bänderschwäche ist die Kniescheibe hierbei zeitweise oder ständig zur Innen- oder Außenseite des Kniegelenks verlagert. In schweren Fällen kann eine Operation notwendig werden. Ebenfalls ein erbliches Leiden, das Kleinhunderassen betrifft, ist die **Perthes'sche Erkrankung,** die sich einseitig am Oberschenkelkopf manifestiert. Erste Symptome in Form von Schmerzäußerungen oder Lahmheiten eines Hinterlaufes treten im Alter von 3–10 Monaten auf. Der veränderte Oberschenkelkopf führt zu einer Arthrose, die entweder eine Operation oder eine Dauerbehandlung mit schmerzstillenden Mitteln erforderlich macht.

Wichtig: Alle genannten Erbkrankheiten schließen eine Zuchtverwendung des betroffenen Pudels aus.

Krampfleiden können verschiedene Ursachen haben, und nur die echte **Epilepsie** ist als ein Erbleiden anzusehen. Sie ist von periodisch auftretenden Anfällen von Muskelkrämpfen bei Bewußtseinsverlust gekennzeichnet und tritt erstmalig bereits bei jungen Hunden auf. Bei der Behandlung ist der Tierarzt auf möglichst präzise Schilderungen des Hundebesitzers angewiesen, da er selbst in den seltensten Fällen Zeuge eines solchen kurz dauernden Anfalles ist.

Die **Magenumdrehung** betrifft ausschließlich große Hunderassen und somit nur die Großpudel. Sie tritt verhältnismäßig selten auf, doch ist der Verlauf so dramatisch, daß sie hier Erwähnung finden soll. Das Krankheitsgeschehen entwickelt sich meist nach der Futteraufnahme und beruht auf einer Verdrehung des Magens und somit Abschnürung des Magenein- und -ausgangs. Der Hund versucht vergeblich zu erbrechen. Gleichzeitig wird der Bauch immer praller und es kommt zur hochgradigen Atemnot. Wenn nicht schnellste tierärztliche Hilfe erreichbar ist – hier zählt jede Minute –, tritt sehr rasch der Tod ein. Die Behandlung erfolgt durch sofortige Operation. Der Besitzer kann der Magendrehung vorbeugen, indem er die Futterration auf zwei Mahlzeiten verteilt und seinem Pudel nach der Fütterung Ruhe zur Verdauung gibt. Wer seinen Hund stets genau beobachtet, kann außerdem das Krankheitsbild frühzeitig erkennen und so für rechtzeitige Hilfe sorgen.

Der geschlechtsreife Pudel

Schon nach wenigen Monaten wird aus dem tapsigen Welpen ein geschlechtsreifer junger Hund. Je nachdem, ob Sie sich für einen Rüden oder eine Hündin entschieden haben, können nun ganz unterschiedliche Probleme auf Sie zukommen.

Der Rüde

Die beginnende Geschlechtsreife zeigt sich beim Rüden dadurch, daß er beginnt, beim Urinieren das Bein zu heben. Das gelingt nicht immer auf Anhieb und kann sehr drollig aussehen. Bald wird er jedoch gekonnt sein Revier „markieren". Mit 9–12 Monaten ist der Rüde zeugungsfähig. Wenn jetzt eine „heiratslustige", d. h. eine läufige Hündin in näherer oder weiterer Umgebung lebt, hat er es schwer – und Sie auch! Er wird jede Gelegenheit zu einem Liebesabenteuer nutzen, und er kann dabei allzu leicht unter die Räder kommen. Geben Sie also in

dieser Zeit besonders acht auf ihn, und lassen Sie ihn unter keinen Umständen von der Leine.
Daß der Rüde in der Zeit der Pubertät gelegentlich versucht, seine Grenzen auszuloten und Dominanzgesten (z. B. „Aufreiten" an Familienmitgliedern) zeigt, wurde bereits im Erziehungskapitel beschrieben. Hier müssen Sie Konsequenz beweisen.
Soll Ihr Rüde, weil er ein besonders schöner und standardkonformer Pudel ist, zur Zucht eingesetzt werden, sollten Sie die passende Pudeldame sorgfältig auswählen. Überprüfen Sie, ob der Hündinnenbesitzer zu den seriösen Züchtern gehört, bei dem Sie selbst ohne Bedenken einen Welpen kaufen würden. In jedem Fall sollte er einem Zuchtverband angehören und Sie einem solchen beitreten, denn hier erfahren Sie alle notwendigen Formalitäten. Voraussetzung für den Einsatz zur Zucht ist die tierärztliche Untersuchung auf mögliche Erbleiden.

Die Hündin

Die Hündin unterliegt einem Zyklus, in dem sich Perioden der hormonellen Ruhe und Aktivität abwechseln. Der Zyklus kann dabei unterschiedlich lang sein.

Mit 6–12 Monaten kommt es zur ersten Hitze oder Läufigkeit, die sich von nun an in Abständen von etwa 6–9 Monaten wiederholt. Notieren Sie jeden dieser Termine zu Ihrer Kontrolle und für Ihre Planungen (Urlaub etc.).

Bei der Hitze schwellen die Schamlippen Ihrer Hündin an, aus der Scheide wird Blut abgesondert. Im allgemeinen hält sich die Hundedame durch Lecken selbst sauber. Sollte sie trotzdem in der Wohnung immer wieder Blutstropfen hinterlassen, können Sie mit Hilfe sogenannter Läufigkeitshöschen Abhilfe schaffen, die der Handel in verschiedenen Größen bereithält.

Durch Duftstoffe, die von einer heißen Hündin ausgehen, werden die Rüden der näheren und weiteren Umgebung angelockt. In den nächsten 3 Wochen müssen Sie deshalb besonders aufmerksam sein und Ihr Pudelmädchen von aufdringlichen Liebhabern fernhalten.

Wenn Sie keine Rüdenversammlung vor Ihrem Haus haben möchten, lassen Sie Ihre Hündin sich nicht in der näheren Umgebung Ihres Grundstückes versäubern. Wenn Sie es ermöglichen können, fahren Sie mit ihr während dieser Zeit mit dem Auto in ein entferntes, freies Gelände. Behalten Sie sie aber unbedingt an der Leine. Verlassen Sie sich nicht darauf, daß sie keinen Rüden an sich heranläßt. Ist der richtige Zeitpunkt gekommen, findet sie plötzlich jeden Freier toll und wird seinem Werben nachgeben, gleichgültig, ob es sich um einen liebenswerten Mischling oder um einen edlen Rassehund handelt. Läufigkeitshöschen schützen übrigens nicht vor einem ungewollten Deckakt!

Sollte trotz aller Vorsicht einmal ein Rüde bei Ihrer Hündin erfolgreich gelandet sein, bewahren Sie Ruhe! Trennen Sie die Hunde, die nach einem Deckakt etwa ½ Stunde „hängen", d. h. miteinander verbunden bleiben, auf gar keinen Fall gewaltsam, das kann zu ernsthaften Verletzungen bei beiden Tieren führen. Wenden Sie sich nach einem solchen unerwünschten Deckakt an Ihren Tierarzt, der durch zweimalige Hormoninjektionen im Abstand einiger Tage eine Trächtigkeit verhindern kann.

Wollen Sie mit Ihrer Hündin nicht züchten, können Sie die Läufigkeit durch medikamentöse oder operative Kastration unterbinden. Um eine normale Körper- und Wesensentwicklung der Hündin zu gewährleisten, sollte sie aber zunächst mindestens zwei ganz normale Läufigkeiten erleben dürfen. Die medikamentöse Kastration erfordert in regelmäßigen Abständen die „Antibabyspritze". Wird das Medikament nicht mehr gespritzt, kommt es nach einer gewissen Zeit wieder zu einer normalen Hitze, d.h., diese Art der Kastration ist reversibel, also rückgängig zu machen. Bei der operativen Form werden Gebärmutter und Eierstöcke entfernt, die Hündin wird damit nie mehr läufig, kann also auch keinen Nachwuchs mehr bekommen. Als Folgen beider Kastrationsarten können auftreten:

◆ Unkontrolliertes Harnträufeln,
◆ vermehrte Leibesfülle.

Letztere läßt sich durch viel Bewegung und knapperes Futter in Grenzen halten. Um die Nachteile einer operativen Kastration, d. h. eines irreversiblen Eingriffs, besser einschätzen zu können, sollten Sie zunächst für ca. zwei Läufigkeiten die „Antibabyspritze" wählen und danach eine endgültige Entscheidung treffen.

Die Vorteile der Kastration sind:
◆ Keine Probleme mehr mit liebestollen Rüden,
◆ keine Gebärmutterentzündung,
◆ geringeres Risiko von Gesäugetumoren,
◆ keine Scheinträchtigkeit.

Gerade dieser letzte Gesichtspunkt ist nicht unwichtig, denn bei etlichen Hündinnen tritt eine mehr oder weniger stark ausgeprägte **Scheinträchtigkeit** auf. Etwa 9 Wochen nach der Läufigkeit legen solche Hündinnen ein Verhalten an den Tag, als ob sie werfen wollen: Sie graben Wurfhöhlen, bauen Wurflager, das Gesäuge schwillt an, es kann Milch einschießen. Die Hündin ist unruhig, fiept, legt sich als Welpenersatz Spielzeug unter den

Bauch. Da hilft nur viel Ablenkung und Bewegung. Alle Spielpüppchen müssen verschwinden, bei Bedarf muß das Gesäuge mit entsprechenden Salben oder feuchten Wickeln behandelt werden.
Ob Sie sich zur Antibaby-Spritze oder zur operativen Kastration entschließen oder ob Ihr Pudelmädchen ein ganz normales Leben haben darf, ist Ihre Entscheidung. Ich habe mich verpflichtet, meinen Hündinnen während ihrer Hitze die nötige Aufmerksamkeit zu schenken. Ich habe etliche Telefonate mit Besitzern von Rüden, die sich vor unserem Haus ein Stelldichein gaben, geführt, und habe einen besonders aufdringlichen

Deutschen Schäferhund auch schon mal ins Nachbardorf nach Hause chauffiert.

Wichtig: Für die Gesundheit der Hündin ist es völlig unerheblich, ob sie einmal Mutterfreuden erleben durfte oder nicht!

Wenn Sie selbst dem Wunsch nach einer Hundekinderstube nicht widerstehen können, treten Sie einem Zuchtverband bei und eignen sich zunächst umfangreiches Wissen über die Zucht an. Nur so können Sie Ihrer Verantwortung gegenüber Ihrer Hündin und den von Ihnen geplanten Welpen gerecht werden.

Hundeausstellungen

Internationale Rassehundeausstellungen werden von dem Kynologischen Verband eines jeden FCI-Landes durchgeführt. Sie sind für alle derzeit anerkannten Rassen zugänglich. Auf ihnen werden die Anwartschaften zum Titel „Internationaler Schönheits-Champion" vergeben (CACIB).
Spezial-Zuchtschauen für Pudel veranstalten die jeweiligen Pudelverbände eines Landes, und auf ihnen können Anwartschaften für das Nationale Schönheits-Championat

■■■■ Ausstellungspudel wirken oft sehr extravagant

(CAC oder NCA) von den Spitzenhunden erworben werden.
Wo und wann solche Veranstaltungen durchgeführt werden, kann man bei der Kynologischen Organisation oder bei den Pudelverbänden eines Landes erfahren.
(Adressen siehe Anhang)

Wie sinnvoll sind sie?

Die einen loben Hunde-Ausstellungen als „Schaufenster der Kynologie", von anderen werden sie als „Jahrmarkt der Eitelkeiten" verspottet. So extrem die Meinungen auseinandergehen – ein bißchen Recht hat jeder.
Ausstellungen bieten dem Laien optimale Möglichkeiten, sich über eine Hunderasse näher zu informieren. Wo sonst sieht man schließlich so viele schöne Exemplare auf einmal und trifft so viele Fachleute? Züchter stellen ihre Pudel aus, um im Wettbewerb zu erkennen, wie nahe sie dem erstrebten Zuchtziel gekommen sind. Gleichzeitig machen sie

Meßlatte für die Zucht gelegt. Dabei ist festzustellen, daß sich das äußere Erscheinungsbild des Pudels im Laufe der vergangenen Jahre deutlich verändert hat.

Noch stärker verändert hat sich die Aufmachung der Ausstellungspudel. Neue Schuren wurden kreiert und in den Standard aufgenommen, und hier setzt die Kritik der Ausstellungsgegner an. Sie reagieren empört auf das unnatürliche „Styling" und meinen, daß es hier nur noch um einen Wettkampf der Hundecoiffeure geht. Diese Kritik ist dann berechtigt, wenn solche „Schauhunde" im Alltag kein hundegerechtes Leben mehr führen dürfen, wenn sie in Käfigen gehalten werden, damit sie sich gegenseitig und beim Spiel im Freien die kostbare Haarpracht nicht beschädigen. Erfreulicherweise sind das nur traurige Ausnahmen, aber so lange die Schur Teil des Rassestandards ist, auf Ausstellungen also auch in die Wertung einfließen muß, wird es bei der geteilten Meinung über den Sinn von Ausstellungen bleiben.

damit ihren Zwinger bekannt. Rüdenbesitzer, die für ihren ausgestellten Pudel eine gute Bewertung bekommen, treiben auf diese Weise „Brautwerbung". Eine ganze Reihe von Pudelbesitzern aber hat ganz einfach Freude an der Ausstellungsatmosphäre, am Gedankenaustausch mit Gleichgesinnten und am Anblick schöner Hunde.

Die besten Pudel werden auf den Ausstellungen von ausgebildeten Zuchtrichtern prämiert. An den Spitzenhunden orientieren sich die Züchter in ihrer weiteren Arbeit. Auf Ausstellungen wird also die

Der alte Pudel

Eine statistische Erhebung an nahezu 10 000 Hunden ergab, daß Pudel mit einer durchschnittlichen Lebenserwartung von 13 Jahren an der Spitze aller Rassen und Mischlinge liegen. Der Zeitpunkt, an dem der Pudel zu altern beginnt, läßt sich nicht allgemein festlegen, denn die ererbte Kondition spielt hierbei eine wesentliche Rolle. Auch die Haltungsbedingungen haben Einfluß darauf, wie lange Ihr Pudel fit bleibt. Gesunde Ernährung und reichlich Auslauf sind die besten Voraussetzungen für einen auch im Alter noch munteren Hund.

Natürlich beginnt trotz allem irgendwann der Alterungsprozeß. Das Haarkleid wird dünner, Hautveränderungen in Form von Warzen oder Grützbeuteln (Atherome) treten auf. Das Gebiss zeigt Defekte.

Wichtig: Kranke Zähne müssen vom Tierarzt entfernt werden, sie bereiten Ihrem Hund Schmerzen.

Die Kräfte und die Sinne lassen nach

Beobachten Sie Ihren vierbeinigen Gefährten beim Spaziergang genauer: Läuft er immer noch in großen Kreisen um Sie herum, oder folgt er Ihnen recht „gesittet"? Bleibt er auf längeren Spazierwegen gar zurück? Gönnen Sie ihm in diesem Fall eine ausgiebige Pause, und beenden Sie Ihren Ausgang anschließend auf kürzestem Weg. Wenn Sie das Nachlassen seiner Kräfte ignorieren, wird Ihr Pudel zwar alles daransetzen, um Ihnen zu folgen, aber Sie überfordern ihn damit in unverantwortlicher Weise.

Wichtig: Planen Sie für Ihren alternden Hund kürzere und dafür häufigere Spaziergänge ein.

Unser Tip

Fragen Sie Ihren Tierarzt, ob eine Herzbehandlung bei Ihrem Pudel sinnvoll ist.

Glatte Treppen und Fußböden können ihm zunehmend Probleme machen. Werden Sie erfinderisch!
Es kann auch vorkommen, daß Ihr
Pudel beginnt, während des langen
nächtlichen Schlafes Harn zu verlieren. Wenn Sie nicht zwischendurch
aufstehen und ihn ins Freie bringen
wollen – greifen Sie zu Höschen mit
Einlagen.

Wichtig: Die komplette Körperpfle-
ge, d. h. Baden und Scheren hinter-
einander, kann jetzt zu viel für Ihren
gealterten Pudel werden. Verteilen
Sie die Prozedur auf zwei Tage.

■■■■ *Im Alter wird das Haarkleid
dünner*

Gestalten Sie auch die Spiele mit
Ihrem Hund kräfteschonender. Gerade die apportierfreudigen Pudel
werden nach einem geworfenen Ball
immer wieder laufen, auch wenn sie
sich damit überfordern.
Das Nachlassen der Körperkräfte
zeigt sich auch beim Treppenlaufen
oder Springen auf Sessel oder ins
Auto. Helfen Sie Ihrem Pudel, heben
Sie ihn hoch. Ihnen wird auffallen,
daß sein erhöhter Lieblingsplatz
immer öfter leer bleibt und sich Ihr
Vierbeiner auf dem Boden aus-
streckt. Lassen Sie ihn gewähren!

Neben den Körperkräften lassen mit
zunehmendem Alter auch die Lei-
stungen der Sinnesorgane nach.
Beim Pudel ist häufig zunächst das
Gehör betroffen. Er stürmt nicht
mehr an die Haustür, wenn es läu-
tet, und auch Ihren Pfiff scheint er
zu überhören. Sind die Augen noch
sehtüchtig, wird ihr Begleiter bei
Spaziergängen von sich aus den
Blickkontakt suchen.
Wenn Sie wissen, daß Ihr Pudel wenig oder gar nichts mehr hört, müssen Sie auch im Haus besonders auf
ihn achten. Er hört Sie nicht mehr
kommen, wird also einer sich öff-
nenden Tür nicht mehr vorzeitig

ausweichen, und bekanntlich liegt er hinter der Tür, durch die Sie verschwunden sind! Vergewissern Sie sich jetzt überhaupt immer, wo Ihr Pudel liegt, damit Sie nicht über ihn stürzen.

Der sehgestörte oder gar erblindete Pudel ist im allgemeinen nicht so stark behindert wie Sie glauben. Die ausgezeichnete Nase hilft ihm problemlos bei der Orientierung im Haus. Spaziergänge sollten jedoch nicht mehr ohne Leine erfolgen.

Die Psyche verändert sich

Die größten Einsichten vom Besitzer verlangen die altersbedingten psychischen Störungen des Hundes. So lange Ihr bisheriges Energiebündel insgesamt ruhiger wird, mehr schläft und seiner Freude nicht mehr so stürmisch Ausdruck verleiht, gibt es keine Probleme. Schwieriger wird es, wenn Ihr „Alter" von vermehrter Unruhe erfaßt wird. Haben Sie es sich gerade gemütlich gemacht, will er hinaus. Dort steht er unschlüssig herum und kommt schließlich wieder herein. Kaum sitzen Sie, beginnt das Spiel von vorn. In jeder Beziehung versucht ein von solcher Altersunruhe geplagter Pudel, sich in

Szene zu setzen. Er quengelt, fordert ständig Ihre Aufmerksamkeit und Zuwendung. Tragen Sie diese Schrulligkeiten Ihres langjährigen Gefährten mit Geduld und Humor. Ihren Hund beeinträchtigen diese Störungen in seiner Lebensqualität kaum, denn alle genannten Alterserscheinungen beginnen allmählich und Ihr Vierbeiner kann sich deshalb gut darauf einstellen. Tägliche, seinen Körperkräften angemessene Spaziergänge, ein knappes, aber gehaltvolles Futter, regelmäßige Pflege und die Geborgenheit im Familienverband mit vielen Streicheleinheiten lassen auch Ihren alten Pudel noch Freude am Dasein haben.

Der Abschied

Leidet Ihr Hund an einer unheilbaren Krankheit oder ist er so altersschwach geworden, daß das Leben für ihn sichtlich zur Qual wird, sollten Sie ihm die Wohltat eines schmerzlosen Narkosetodes zuteil werden lassen. Fast jeder Tierarzt ist bereit, für diesen letzten Dienst an Ihrem Liebling zu Ihnen ins Haus zu kommen. So ersparen Sie Ihrem Pudel die Aufregung eines Besuches der tierärztlichen Praxis.

▬ Trotz seiner 12 Jahre bietet dieser weiße Großpudel noch einen schönen Anblick

Aber Sie dürfen jetzt nicht feige sein. Sind Sie der beste Freund in seinem Leben gewesen, dann ist er sicher, daß ihm nichts passiert, so lange Sie bei ihm sind. Sein Vertrau-en in Sie ist grenzenlos. Lassen Sie Ihren Hund in Ihren Armen ein-schlafen.

Niemand muß sich in einer solchen Situation seiner Tränen schämen. Sie aber können sich sagen, daß Sie Ihrem Hund bis zuletzt ein schönes, ausgefülltes Leben ermöglicht haben.

Wenn es Ihre Lebensumstände er-lauben, besänftigen Sie Ihren Schmerz, indem Sie sich bald wieder ein junges, tolpatschiges Hundekind ins Haus holen, und beginnen Sie mit ihm das Abenteuer einer neuen glücklichen Gemeinschaft.

Anhang

Kontaktadressen

Deutschland

Verband für das Deutsche
Hundewesen e.V. (VDH)
Westfalendamm 174
44141 Dortmund
Tel.: 02 3125 / 5 65 00-0

Verband der Pudelfreunde
Deutschland e.V.
Obere Lindenstr. 8
21517 Wohltorf
Tel.: 0 41 04 / 20 95

Allgemeiner Deutscher
Pudelklub e.V.
Lothstr. 90   *Frau Edelstein*
80797 München
Tel.: 089 / 18 66 52

Deutscher Pudel-Klub e.V.
Vaderkeborg 19
26768 Leer
Tel.: 04 91 / 1 48 37

Pudel-Zucht-Verband 82 e.V.
Diemelweg 13
46286 Dorsten

Österreich

Österreichischer Kynologenverband
Johann-Teufelgasse 8
A-1238 Wien
Tel.: 02 22 / 88 70 92

Österreichischer Club der
Pudelfreunde
In der Gugl 6
A-3400 Klosterneuburg
Tel.: 0 22 43 / 3 29 81

Schweiz

Schweizerische Kynologische
Gesellschaft
Länggasstraße 8
CH-8217 Bern
Tel.: 031 / 3 02 23 73

Schweizerischer Pudel-Club
Wildparkstraße 5
CH-4656 Wil bei Olten
Tel.: 0 62 / 2 95 29 58

Literaturhinweise

Spezialliteratur über Pudel

Engler, Rosa:
Pudel
Müller-Rüschlikon, Cham-Stuttgart-Wien 1995

Nagel, Annerose
Der Pudel
Parey, Hamburg-Berlin 1997

Wolff-Talbot, Annemarie
Pudel
Ulmer, Stuttgart 1985

Allgemeine Literatur

Trumler, Eberhard:
Mit dem Hund auf du
Piper, München 1995

Trumler, Eberhard:
Hunde ernst genommen
Piper-Taschenbuch, München

Trumler, Eberhard:
Trumlers Ratgeber für den Hundefreund
Piper-Taschenbuch, München

Zimen, Eric:
Der Hund
Goldmann Sachbuch, München
1988

Aldington, Eric:
Von der Seele des Hundes
Gollwitzer, Weiden 1996

Aldington, Eric:
Was tu ich nur mit diesem Hund?
Gollwitzer, Weiden 1994

Aldington, Eric; Stockmann, Friederun:
Vom Körperbau des Hundes
Gollwitzer, Weiden 1993

Feddersen-Petersen, Dorit:
Hundepsychologie
Franckh Kosmos, Stuttgart 1992

Baumann, Doris:
Hunde erziehen
Ulmer, Stuttgart 1995

Teichmann, Peter:
ABC der Hundekrankheiten
Naturbuch, Augsburg 1994

Register

Im FALKEN Verlag sind zum Thema „Hunde" u. a. bisher erschienen:
„Agility und andere Hundesportarten" (Nr. 4873)
„Erfolgreiche Hundeerziehung" (Nr. 4808; auch als Video unter der Nr. 6198 erhältlich)
„Wenn Hunde reden könnten ..." (Nr. 4952)
„Komm! Sitz! Platz!" (Nr. 1469)
„Richtige Hundeernährung" (Nr. 1868)
„Mit dem Hund in den Urlaub" (Nr. 1991)
„Rechtsratgeber für Hundehalter" (Nr. 1810)

Dieses Buch wurde auf chlorfrei gebleichtem und säurefreiem Papier gedruckt.

ISBN 3 8068 2243 3

© 1998 by FALKEN Verlag, 65527 Niedernhausen/Ts.

Umschlaggestaltung: Elisabeth Berthauer
Layout: David Barclay, Neu-Anspach
Redaktion: Petra Volkmar
Herstellung: Albert Brühl
Titelbild und Umschlagrückseite: Almut Wilschinsky-Janssen, Odenthal-Glöbusch
Fotos: FALKEN Archiv/Steimer: S. 74; **Dr. Ingeborg Haßlinger,** Schutzbach: S. 19, 79;
Peter Kalina, Oberdreisbach: S. 16, 18 li.; **Ute Neumann,** Dorsten: S. 53; **Elsa Pest,** Rahden:
S. 28 re., 55; **Jytte Pfaenner,** Horsens (Dänemark): S. 18 re.; **Manuela Schmalzke,** Bielefeld:
S. 28 li.; **Friedrich Thielecke,** Berlin: S. 21; alle übrigen Fotos: **Almut Wilschinsky-Janssen,**
Odenthal-Glöbusch
Zeichnungen: Gerd Ohnesorge, Halle: S. 13, 15; Katja Rosenberg, Wiesbaden: S. 14

Satz und Lithographie: DM-SERVICE Mahncke & Pollmeier oHG, Rodgau
Druck: Druckhaus Cramer, Greven

817 2635 4453 6271